云　　　○

　　宝
　　冰　　　　雪
月

　　　　　　　　玉

要是鸡自己不情愿呢

你屋里杀鸡吃　会先问鸡同不同意吗

不会　女孩老老实实地回答

几十只刚被阉过的鸡惊魂未定，伸长脖子，瞪圆眼睛，叽里咕噜地低声抗议，像警告女孩离坏人远一点。

去问你娘　鸡公蛋要不要留　阉鸡师傅对女孩的水中倒影说着，双手探入水中搓洗手上的血迹。他的手白得不像乡下人的，指尖娇嫩粉红。他动作缓慢轻柔，好像洗的是恋人的手，深情地摩挲每一根指头，洗得它们愈发粉红。

老大初云奉命来端鸡公蛋，正看到十根粉嫩的手指在水中游动，多看了两眼碰翻了碗，鸡公蛋泼了一地。碰巧邻居大婶路过，眼里框住这一对；也碰巧她是阉鸡师傅的表亲，当天就做起了媒，还吃了鸡公蛋。

来宝　你们初家屋里要有大郎古子[1]了　阉真清做了你的大姐夫　你长大就跟他学兽医　阉畜生　大婶躯体刚刚盘出大门，碰到扁脸男孩初来宝　再有得这样好的行当了　你默下神[2]　穿得索索利利[3]　闷声不急地坐哒就把钱挣了　哪个有本事的愿意下地种田　六月间太阳晒死人　打谷插秧累死人　扁脸男孩呼呼喘气。他只是个听得见话的哑巴。

初云就这么定了亲。就这么一来二往出了事。

在人生幽暗的通道中训练出一双火眼金睛的奶奶戚念慈最早注意到初云身子粗了，安排吴爱香去问个仔细，吴爱香没什么方法，脑子里也没啥词汇，逮着初云关在房间里，直截了当语气低沉声音颤抖，仿佛是她自己惹了什么祸。

息壤

盛可以　著

人民文学出版社

图书在版编目（CIP）数据

息壤 / 盛可以著.—北京：人民文学出版社，2018
ISBN 978-7-02-014405-1

Ⅰ.①息… Ⅱ.①盛… Ⅲ.①长篇小说—中国—当代 Ⅳ.①I247.5

中国版本图书馆CIP数据核字（2018）第146006号

责任编辑	樊晓哲　李　宇
装帧设计	刘　静
责任印制	王重艺

出版发行	人民文学出版社
社　　址	北京市朝内大街166号
邮政编码	100705
网　　址	http://www.rw-cn.com
印　　刷	三河市西华印务有限公司
经　　销	全国新华书店等
字　　数	163千字
开　　本	880毫米×1230毫米　1/32
印　　张	7.625　插页1
印　　数	1—15000
版　　次	2019年1月北京第1版
印　　次	2019年1月第1次印刷
书　　号	978-7-02-014405-1
定　　价	49.00元

如有印装质量问题，请与本社图书销售中心调换。电话：010-65233595

1

小女孩和阉鸡师傅中间隔着一白瓷盆清水。水里泡着钳。阳光落在水盆中。清水更清。金属更冷。阳光更亮。金属器具的凛冽寒光濯净了阉鸡师傅的脸，像一块岩石。

他扬起白布朝空中一抖，白布舒展盖落，罩住了他的劳动黑布鞋鞋底像羊脂白玉，显得档次很高，仿佛注脚——那副孤表情原是为了般配鞋底的。他嘴巴紧抿揪住公鸡，挤掉一泡屎子缠住鸡脚，扯掉肚皮处的鸡毛，刀片划出一道血口，箥制细端的钩子从两侧钩住刀口，撑开一个洞，再用底端系着细钢丝的柄小钢勺伸进洞里，舀出肉色芸豆放入清水碗中，动作流畅仿佛书法。

为什么要阉鸡　女孩问　她是初家小女儿初玉，五官轮廓明，仿佛雕刻。

阉了以后它们就不会想母鸡了　一心一意长肉　阉鸡师傅埋头收拾金属器具，擦干净，卷进一块手绢　长出细嫩嫩的鸡肉来给你们吃

你这死跑猪婆*4　这么快就让他上了你的身　是不是

初云没明白母亲的意思,听她骂得难听,感到事态严重,便用迷茫和惊讶的眼神看着母亲。

你是不是有噶哒㳇㳇几*5　母亲逼近了问,声音压得更小更低　有好久冇来红的了

此后漫长的人生道路中,初云脑海里经常响起母亲的这个疑问句,那种像地下党泄露了情报机密的惊恐语气常常令她心头一凛,即便是在她自己当了母亲、做了奶奶,回想起少女时期对两性关系的盲目无知和母亲态度里的肮脏鄙视,仍然觉得浑身不适。母亲从没告诉过她女孩子有月经,直到她放学回来裤子红了一片,才递给她一卷黄色的草纸;这时候她也没有教她停经和怀孕、月经和排卵的关系,更没有说过女人是怎么怀孕的——母亲根本不提及这些成长中的麻烦,这给她提供了行使责怪蠢货晚辈的权威与机会。

她记得母亲撩起她的衣摆摸了她的肚子,然后坐在椅子上低声哭骂。她听不清母亲那些低声的咒骂,她知道肯定是家门不幸老天瞎了眼之类的大鸣大放。她也是这时才知道自己肚子里有了东西,这东西是干了不要脸的坏事留下来的,她同时明白母亲所谓的　上了身　指的是阎真清爬上了她的身体——她将男女之间夜里恩爱的事情称为男性单方面的　上了身　好像因为女人玩忽职守让男人偷偷爬上了某座山头偷去了果实。阎真清的确这么干过几回。他的母亲几乎是故意让他和她睡在一起,听说她肚子里有了,她乐呵呵的。两个母亲对这件事的态度完全不同。

此后不久一个情深雨濛的上午,阉鸡师傅敲锣打鼓地接走了

初云。母亲用纱布在她肚子上缠了几层,嘱咐她走路时收起小腹,外面加了一件宽松的衣服。送亲路上母亲一路低着头,两位男傧相都是借的,热闹中到底透出寒碜,了解初家过去的人,心里都会生出几分惋惜甚至凄楚来。

初云体型偏胖,年轻不懂世故,这些都没往心里去。她噙着所有出嫁姑娘应有的泪水,带着所有出嫁姑娘都有的复杂心情,闻着崭新的叠得方方正正的棉被的气味,看着身高像阶梯一样个个花色鲜艳在送亲队伍里喜气洋洋的四个妹妹,眼泪便流了下来。

人们都说二姑娘初月是五个姑娘中长得最好的,可惜小时候被开水烫过,脑袋有半边触目惊心的粉红溜光,谁看了都觉得遗憾。现在初月发育得腰是腰,胸是胸,圆处浑圆,瘪处紧致,在送亲队伍里很是醒目。她戴着一顶西瓜皮假发,硬着脖子以妨假发垮落,像女王般无比庄重——人们想如果初月头发完整媒人会踏破门槛,她肯定能挑一户最好的人家嫁个最好的人,对另外几个身体还是薄片的初家姑娘,人们已经想象她们熟透了的样子。

女孩们一路蹦蹦跳跳。她们唯一的弟弟来宝知道姐姐嫁人就是永远住在别人家里时,就一直闷闷不乐。

这是一九八二年的事情。

初安运活着的时候,初家殷实有声望。他是个瘦高清俊的男人,公认的作风正派,有一股不怒自威的神气。他非常孝顺,时常给寡母戚念慈洗她的三寸小脚。对妻子也不坏。吴爱香十八岁嫁过来,他就没让她的子宫清闲过——谁也不能否认这一对恩爱的夫妻——吴爱香点豆子般连生六女,夭折一个,其余五个健康茁壮,长得花团锦簇。初来宝出生时做爹娘的被他胯间尿壶带来的巨大惊喜冲昏了头脑,奶奶戚念慈更是欢喜得两腿打战。此时的初家已如天上满月,不再有一丝盈亏。满月酒办了三天,鞭炮屑铺红了路,烟花烧亮半边天,方圆百里都知道初安运得了仔。

吴爱香坐完月子就去上环。

镇医院的低矮建筑像鸡埘藏在梧桐树下。内部也像鸡埘,墙壁斑驳,窗口黑魆魆的,带屎味的空气飘来飘去。

她平生只有三次到过这里,一次是为了上环,另两次是为了取环。她是个非常健康的女人,像所有等候过道中生命旺盛的妇女,散发滚热的生育能量。一粒粒弹性有劲道的潮州牛肉丸滚聚医院,等着金属器具将身体撑开,放进钢圈,宣告旅社拒绝房客,餐馆提前打烊。

医生对吴爱香那不易受孕的子宫连生过七胎相当吃惊,实则惊叹这对夫妻的频繁交配和持久兴趣。在桌面上谈论性生活,吴爱香不好意思,脸上羞涩散发幸福的光晕——那些乡村的寂静夜晚,丈夫做那事儿时骨关节扭出毕毕剥剥的声响,在脑海里汇成了一片雨声,她像一叶芭蕉被这雨冲刷得明亮光洁。

这时候初安运已是农场场长,攀上时运顶峰,她也跟着富贵。一切都如她意。但老天作怪,鸟屎掉她脑门上,厄运来了。子宫里放进金属圈不久,初安运便得了一种怪病,两个月后就带着一身血痂和草药味进了黄土堆。

这是一九七六年,汁液饱满三十出头的吴爱香成了寡妇。

配合娘 她会把这个家管理好的 初安运临终前将权力交给了母亲。

吴爱香始终觉得体内的钢圈与丈夫的死亡有某种神秘关联，那东西是个不祥之物。此后缓慢细长的日子里，她从心理不适发展到身体患病，这个沉重的钢圈超过地球引力拽她往下。好在生活分散了注意力，艰辛挽救了她。她听从丈夫的遗言，辅助婆婆，从不违逆。别人看到这对婆媳关系平和融洽，也看到戚念慈的厉害冷酷——她也是三十岁上下死了丈夫，懂得怎么杀死自己身体里的女人，怎么当寡妇　清朝人真的会玩　有人说她尤其懂得如何干掉漫漫长夜，她在黑暗中用过的胡萝卜黄瓜白天在餐桌上被瓜分；她衣襟上的玉环，过去曾套在她男人的命根子上。人们不免根据玉环的口径来猜测她男人的私器大小，她在人们的臆想中复活成或淫荡或妖媚的女人。

如果将已是一团臃肿白面的戚念慈仔细搓捏，抹平皱纹，去掉赘肉，拍紧肌肤，立刻能还原出那个细皮嫩肉、情欲结实的少妇——她年轻时的照片完全证实了这一点——岁月不过是副面具，它惯于隐藏真实。

戚念慈爱在太阳底下洗她那对稀罕小脚，像洗刷出土文物——这是她表达权威的方式，她展示它们，像将士展现勋章。没有人知道有多少秘密生活隐藏在这双小脚中。初来宝喜欢看小脚泡在水中　像两块糍粑浸在盆里　小脚晾晒盆沿　像小白鼠趴着　等待时机逃跑　小脚的主人凝视远方的田野，仿佛被什么东西吸引，脑袋轻轻地晃动。她已经这样摇了好些年了，一直执着地否定一切。

吴爱香总是在她洗脚时端来一杯芝麻豆子茶，戚念慈一边喝茶咀嚼，一边处理家事

等来宝满五岁再断奶吧　现在他要再喂几口　你就让他喂

几口

  嗯 可惜早就冇得奶水了 吴爱香平淡地点头
  戚念慈摇头摆手 他缺得不是奶水 没爹疼 缺爱
  吴爱香又平平地嗯了一声。
  树林里传来斑鸠的鸣叫。
  戚念慈又聊到初月,十年前的那壶开水既然已经浇到她的头上,不能改变事实,那就努力给她说门好亲,多配嫁妆,初月心地善,会有好命。接下来她又将其他几个丫头评说一番,比如说初云慢性子,初冰有心计,初雪胆子大,初玉天分高 会读书的 砸锅卖铁送她读 都不强迫 但要照我说啊 嫁个好人家比什么都重要 她摇了摇头 至于来宝 他这样子要是能给初家续上香火就算是祖宗菩萨坐得高了

  好编故事的人,在初安运死亡这件事情上费了不少唾沫。他们主观认定,初安运躺进坟墓也不会忘记那个要命的晚上,上帝在他无路可逃时给了他一个粪池——棍棒下也许还有条活路,脸皮厚一点,可以在唾沫中游泳,道德舆论不至于杀死他 作风正派的形象毁了更没什么要紧——他做鬼也会懊悔跳进粪池里,沾上一身毒。
  那个夏夜应该是满天星星,没有月亮,成片的鱼塘在星夜里闪着诡秘的光。失眠的鸟呼扇翅膀。青蛙跳进池塘,咚的一声砸破水面。空气里有熟悉的腥味。鱼塘像棋盘分布,路径上长着肉马根草——这种顽强的、匍匐爬生的贱草,冬枯春荣,踩上去松松软软。路边的水杉笔直,黑黑地排成一行。那个将要死亡的人知道

哪条路上有沟壑,哪片鱼塘布了暗礁,场上有多少棵水杉,塘里下了多少鱼苗,哪片塘叫什么名字,每片鱼塘多大面积,养了多少母猪,多少鸡阉了,多少鸡生蛋。为了熟悉这片农场,他没少让妻子独守空房。

贝壳腥、猪屎味、饲料香。狗吠,猫叫。芦苇沙沙地响,柳条轻轻地摇。那个将要死亡的人不慌不忙地走着,身影挺拔,春情暗涌,激情赋予了他特异功能,他能从千百种气味中,准确地捕捉到那个女人的肉香。他爱这现实的农场,也爱她那片神秘的农场,那儿满是鲜花杂草,有山丘湖泊,有沼泽平原,还有茅屋炊烟。将要死亡的人经过一片红砖瓦屋,听到猪群咬架,嗷嗷欢叫,感到盛世太平:猪不发瘟,鱼不生病,珠蚌肥润,他对得起国家,对得起群众,见她的愿望顿时变得急迫了一些。

好事者的猜想很难说准不准确。自称参与过追赶与搜索的人言之凿凿,说女人的丈夫早已察觉,因此布局捉奸。也有人说那件事从头至尾是个阴谋,做丈夫的对场长的职位觊觎已久,将老婆捏成诱饵,打算在初安运咬钩之后,要挟他辞职,抹掉事业中的劲敌。不料他女人动了真情,导致游戏发生了质的转变——他可从没想过给他们制造真正的男欢女爱——妒火焚烧着他的内心,这也就是为什么那个晚上他拿到了通奸的证据,仍然穷追猛打。他事先设计了几条逃跑路线,瓮中捉鳖,每条路线都有致残或夺命的陷阱,毒粪坑便是其中之一。

丑闻是臭鸡蛋,每一只逐臭的苍蝇都有嗡嗡发言的自信与权利,这些言论像遍布腐尸的蛆虫,将真相噬咬得面目模糊。

有人回忆说那晚九点左右,他远远地看见农场里手电筒晃动,光线忽长忽短,忽而化作圆点,似乎有猪从牢里逃出来了。骚乱的光束在寂静中持续了十几分钟。同一夜稍晚时分,一个在后门口撒尿的人被荷塘里的动静吓得尿了一脚,他看见水里爬上来一团东西,全身溜光发白直立行走。同一天下半夜,初安运浑身水淋淋地回来说走夜路掉进了臭水沟。吴爱香起来烧了一锅开水,给他搓洗挠痒,直搓得整块肥皂薄如纸片,洗得公鸡打鸣窗口发白。习惯叼着奶头睡觉的来宝通宵啼哭,惊醒了很多睡眠轻浅的人。

秋野一片杂色。黄的、绿的、红的,雨后初晴时,还会有蓝叶和彩色的河流。稻田一望无际,禾叶青里透黄,谷穗像怀春的少女,垂头不说话。偶尔一片荸荠地,叶苗碧绿尖细,像葱一样。水沟边杂草茂密,长脚昆虫贴水飞奔,仿佛追赶它水里的倒影。田埂上站立长脚白鸟,悠闲踱步,时而倏地飞起来,身影嵌进天幕。海阔天高。鸟,树,人,一切蓝天下的东西,仿佛海底生物。

这是初安运躺在坟墓里看出去的景象。墓址是抹尸人王阳冥选的,自称研究《易经》会看风水,但那时不作兴,没人重视,他也就只能抹尸安排丧葬。给初安运抹尸入殓之后,他用东家的赏钱给初月买了一顶瓜皮假发,过一阵又送她一顶新的,连续送出三顶假发之后,他娶了初月。这是一九八三年,初月刚满十七。

人们总说没有十全十美的事物,若干年后,初月与王阳冥有儿有女,有说有笑,一家人面色红润眼睛明亮,实在是挑不出什么毛病来。九十年代初期,初家小女儿初玉考上北京的大学,初安运住了多年的寂寞荒山忽然热闹起来,死人都往这儿挤,有的甚至挖了祖坟移到这片风水宝地,希望时来运转。王阳冥的才能此时才风生水起，成了有名的风水先生，打开了财路，第一个在村里盖起了楼房，修起了百花园。

照我说呀　婚姻靠的不是爱情　而是运气　九十多岁的戚念慈摇着头，照样耳聪目明。

初安运死亡初家山崩地裂，在那种严峻的时刻，戚念慈一双小脚稳稳地站住，不再坐在太师椅上摇头磨牙。她卖掉了首饰，此后又不断变卖清朝的珠宝瓷器，精打细算，一家八口人吃饱穿暖不输往日。在别人缺衣少食青黄不接的关口，初家还总能借出点什么。戚念慈手段霹雳。初来宝过完五岁生日，强行断奶，由初云带着他睡觉。有一晚初云半夜醒来，发现来宝噙着她的乳头睡得正香。她没有管他，后来几回也没有。来宝断奶的焦虑在大姐这儿得到了缓冲，到初云出嫁时他已彻底摆脱乳房，但智商没再生长。

2

柳絮飞舞的周末凌晨，北京的天空炸响湖南方言，那种村妇才有的大嗓门撕破了小区的宁静，喊的还是初玉的小名。初玉惊起奔到窗前，看见大姐初云站在花园中心，两只手做成喇叭对着高楼喊话。她头发盘成一坨，身穿枣红色的毛线开衫配黑摆裙，喊一声转个方向，身体懒懒散散，动作不急不缓，似乎并不需要谁来应答，她只是练嗓子消遣的——还是那种胖胖的性格。

她是坐那种绿皮火车到的北京　便宜　路上好看风景　好像

她通宵没睡,看了一路黑暗,好像北方的黑暗与南方的黑暗不同。她气色不错,肉也没有松垮,二十岁以前生完两胎,按照政策老老实实做了结扎手术,肚皮上留下一条蚯蚓 不晓得省了多少麻烦 现在腰是腰,屁股是屁股,一点也不像四十岁的女人。要在城里像她这模样,有点文化,晓得穿衣打扮,正是兴风作浪的好时候。初玉离开故乡的时间太长,到北京上学工作,抛弃方言,完全融入北方城市,疏远了农村生活,也不了解农村女人的变化,她没料到初云来北京要兴起的不是她们乡下湖区的细风鳞浪,而是一场身体的海啸。

上一年五月,初云似乎有心事,回娘家住了几天,什么也没说自己又回去了。大家猜想她对阖真清有些不满,她过去迷上的那双指尖粉红的双手除了阉牲畜什么都不会,挣的钱交给他娘管,地里的活由初云干,经常两腿夹着孩子腾出手来干活,有时夹在腋下,单手炒菜做饭。一开始小脚奶奶便提醒过 乡下人就是靠种田生活的 做得挑得会种地就是顶好的 那时初云完全没想过生活是怎么回事。她想的是那特别粉嫩的手指头,想的是被那样的手牵着走几里地去看露天电影,想的是他那与白玉鞋底般配的孤傲神情,想的是他和她父亲的相像之处,甚至在绿皮火车上,她也没有否定自己当初被十根粉嫩手指吸引的感情。她记得结婚的头几年是一段好光景,年轻时蓬勃的性欲像激流遇阻,时刻咆哮着寻找宣泄口,那些粉红手指在夜里头奉献过不倦的热情,辅助她慢慢蜕变成女人。现在她已经想不起那种蜜汁四溅的滋味,仿佛遭到味蕾屏蔽,但是获得了另一种更温馨更充盈的感觉,绵久细长——这是懂得爱情、掺入爱情之后的性,是一次新的盘古开天辟地,那是另一个男人带来的。

她在绿皮火车上一路欣赏黑暗,一路回忆,夜窗如镜照着她的脸,时而毅然,时而茫然,时而兴奋,时而兴尽。有一阵她索性仔细端详自己——这窗玻璃镜子比她家那巴掌大的梳妆镜更清晰,更真实

到底应不应该到北京来 答案一会儿肯定,一会儿怀疑。她不知道初玉会怎么看待这件事——她本能地认为,初玉这种大城市里的文化人,态度与母亲肯定不会相同,她从没想过让一个守寡多年的母亲来理解并支持她做那样一件事,她甚至都没有跟母亲聊过那些问题。自打父亲去世,她就成为排忧解难、分担责任的长女,初中毕业就帮母亲喂猪打狗,割禾插秧,照看老小——奶奶虽然精神强悍,毕竟一双小脚生怕踩爆地球似的依赖拐杖,一感冒就咳嗽卧床,一吃辣椒就暗发痔疮,这些都得初云照料。咳嗽和痔疮好说,最难的是她每天必洗的小脚——十个脚指头全部折弯陷进脚板,像贝壳嵌进泥沙,卵石轧进水泥——需热水烫,使劲搓揉,用力按摩,风湿病是这世界上唯一折磨她,且让她束手无策的坏东西。其他人都洗过这双小脚,但奶奶只要初云,与其说初云手法好手上有劲,不如说她心里诚恳,做事踏实,性格里没有偷懒耍滑头的东西,她就是这么忠实生活的。

别人说初云惦着小脚奶奶的玉环所以卖力,她倒是喜欢奶奶手上戴的翡翠镯子,奶奶变卖的时候,她心里疼但没吭声。奶奶最终没把心爱的玉环传给初云,而是给了初玉,她一向偏心于她。初云心里不生嫉妒,安静平和,某些方面就是吴爱香的翻版。别人说她仓促地嫁给阉鸡师傅是逃避家庭,以为嫁出去就能撑直累弯的

腰,事实上却弯得更加厉害。这都是人们惯常的思维,事实上,这个问题连初云本人也讲不清。

火车报站暂停时,一个手里抱着孩子挂挎大包小包的女人使初云想起自己生娃带娃的日子,不知道自己是怎么熬过来的。如今学厨的儿子已经到了见到漂亮姑娘心脏擂得嘭嘭响的年纪,女儿阎燕是十八姑娘一朵花。二十一世纪的人们照样养鸡吃鸡,可不需要阉鸡师傅了,阎真清的手术器具在抽屉里寂寞闪闪,手艺已是生锈的废铁,十根粉嫩的手指早已黯淡无光,也完全看不出它们曾经有过激起女人食欲的辉煌。没人知道他从哪里学会了阉鸡技术,且一心一意用它作为生存手段。

根据他的年龄可以推算出来,他幼年时期到处一片红,红旗、红太阳、红像章、红袖标……他是他妈当下放知青时的产物——这似乎能解释他的指尖为什么粉红鲜嫩——他爸是像墙砖一样老实的本地农民,饥饿时期将最后一口红薯让给老婆孩子,自己饿死了。四年后他妈又嫁给了像一坨泥巴一样老实的本地农民,分田到户后高兴地喝了半瓶白酒掉沟里淹死了——所以阎真清有城里人的孤傲,又有乡下人的木讷。问题就出在这里,他时常分成两半,自我搏斗,发起狂来像癫子,跟平时那个阉鸡绣花似的斯文男人完全不同。

火车跑得气喘吁吁。初云心里想事,手里剥橘子,机械地往嘴里塞,肥厚的嘴皮默默蠕动。没想清楚一件事情之前,她就一直嚼着,像头牛面无表情。窗外暧昧不清,偶尔几点野光,将黑暗凿出小洞。她不打招呼就来北京,一是不想受任何人的意见干扰,二是反悔了可以悄悄撤退,谁也不知道她有这么疯狂的想法。村里人的习惯是吃了饭嚼舌头消食,对于失败的事物嘴上尤其刻薄——她决不愿那件事落进那些牙缝里塞着隔夜菜的嘴。过去半年,人们对她的议论已经像大雪压上树枝,她要到北京做一件化雪的大事。她没出过远门,连长沙都没去过,没想到外面那么混乱,兜兜转转跑出一身大汗,终于拿了票上了火车,屁股刚坐稳心里慌意志也摇晃起来。然而火车并不犹豫,一开动就憋着劲一路向北,像怕她反悔似的。

　　初云洗完澡,换上家居服,喝水,吃早餐。她一进门就讲路上的见闻,在浴室里也扯着调门,活蹦乱跳的方言像不小心飞进屋子里的麻雀东碰西撞。过去初云不是这么聒噪,不得已说起话来,像翻出压箱底的好衣服穿上一样认真。现在她所有的箱子衣柜都敞开了,鸽子离开了笼子咕咕直叫。这是不正常的。她眼神有点飘忽,要么盯着碗里的食物,要么盯着墙上的字画,做出被吸引的样子。她情绪里透露复杂的气息,一方面刻意压制快乐,同时又心事沉沉,似乎随时将抛出一个难题让初玉定夺。

　　她说她第一次出远门,路上没花什么钱,也没上什么当,所以不知道骗子长什么样子,出门前她就想好了,摁紧钱包,不信任何人,不买任何东西,不管任何闲事,眼睛也只看窗外。

　　你应该提前告诉我　我可以去车站接你　这样你也不用一大早把全小区的人都叫醒了　再说　万一我出差了　你怎么办　初玉不得不切换到方言频道,硬着嗓子说出浑浊的、瓮声瓮气的益阳土话。每次回到以说蹩脚普通话逗乐的乡村,她都不得不隐藏多年外部环境对她的改变。她已是故乡的异乡人。她讨厌方言,听到自己嘴里发出被热汤烫了舌头的声音,她便讨厌自己,但若在不会说普通话的亲戚面前说普通话,她会觉得更加讨厌。如果她实话实说,人们会奚落她忘本,不认得秤,连初云也会认为她嫌弃穷亲戚。她唯一能做的是将方言降调,比如D调降成C调,A调降成G调,可那样一来,她的声音与腔调便透出几分悲伤,显得遥远而淡漠。

我晓得我运气好　洗过热水澡后的初云的脸颊是红的,额上发际线偏低,像戴了假发套　你蛮久冇回家了　恩妈天天望你回去　当了主治医师了么

不聊工作　来了就抓紧时间玩　下周我当班　病人多不能陪你　你想去哪些地方　天安门　长城　798　说798时初玉用的是普通话,避开了8字在方言中奇怪的尾音,这一小动作仿佛在黑屋子里凿了个洞,让她透了口气。

今天是只罩子天哩　初云边嚼边说,还用筷尖指了指外面。她注定是要为方言的流传做贡献的,用浅白的词汇造出生动的形象,没卷舌音,没舌根音,没后鼻音,舌尖上玩弄卵石似的,哗啦哗啦响。但从她嘴里蹦出的一些词汇,初玉已经听不懂了。

什么罩子天

大雾啊　大雾罩子　不晓得等阵会收掉不

冬眠的方言经过这番刺激练习,这会儿已经在初玉脑子里苏醒,那些关于天气的土腔在耳边响起来。那是奶奶的声音。奶奶是初家的天气预报员,每天早上起床先打开门看天,确定天气之后才开始这一天的日常。她记得什么罩子天*6、白坨子霜*7、落凛毛子*8、飘麻细细*9、雪只撧*10。奶奶还紧跟在天气预报后面感叹

啊呀　昨夜里我睡了十个小时　好像她平时少于十个小时,不慎睡过头似的。奶奶洗脸刷牙,梳头盘发,一切收拾停当,她只需挂着拐杖站门口边打个嗝,放出她胃里的胀气,赖床的人都会立刻爬起来,跟紧一天的节奏。初家都没有一个敢睡懒觉的。

初玉看着初云,后者谈起天气来像奶奶一样自信。当然,没有谁比农民更关心天气,了解庄稼,他们是靠天吃饭的。初玉很早就决定远走高飞,父亲病逝促使她选择了学医——这也是最称小脚奶奶心意的——医生永远不会失业。医学院录取通知书送达那天,戚念慈将玉环交给了初玉,奖励初家第一位大学生,而且是名牌大学。

初玉和初云几乎是两代人,彼此有些生疏。又过了一阵,初玉童年的记忆才被激活,她意识到在那件无形的所谓城市文化外衣的包裹里,体内那个乡下小姑娘依旧鲜活。初云付出很多,自己是得益于她的奉献的家庭成员,没理由今天看不惯她乡下人的做派,挑起刺来。

只要天上不下刀子　咱们可以去任何地方　初玉心里不安,仿佛弥补似的　先到天安门　故宫　晚上吃著名的北京全聚德烤鸭

港*11真的　我不是来耍的　现在不是耍的时季　初云表情变得严肃,好像现在才言归正传,她勇敢地直视初玉,抿着嘴巴,眼里千言万语。

后者用眼神鼓励她继续说下去。

我是来做一个手术的

什么病　初玉脸色大变

不是病　我是想　初云说话再次艰难起来，像被硬饭噎住了　我是想　复通输卵管

初玉倒没有发出初云幻想的那种尖叫。她好像什么也没听见，扭头看了一眼日历簿：

二〇〇〇年四月九日　星期六

她走过去，撕下这已逝的昨天。这一天有几个病人情况异常，家属企求的目光像故障灯一直在她面闪动。一个家属送她一本书，里面却夹了一个红包——她全部退还。她不知道从什么时候开始，患者家属养成了不送红包不踏实的心理依赖。他们把这当成生病住院的一部分，还懂得根据医生的重要性分配红包额，连护士都经常收到他们的水果零食。他们不愿承认，这么做将腐蚀人心，红包除了帮助医生品德堕落之外，并不能激活医生潜力，对于医学技术毫无帮助。她因此屡次对科室的护士讲，要耐心，有笑容，要让患者家属信任，让他们相信救死扶伤是医生的职责。

初玉将日历扯成碎片扔进垃圾桶，皱起眉头，仿佛她什么地方开始疼。

接着，她去了阳台，拿起撒壶给花浇水。

她清楚地记得那是一九八五年夏天，她放学回家接到跑腿任务。母亲准备了一只老母鸡和半篮子鸡蛋，要她带过去给初云

她动了手术特别需要这个　为防止鸡蛋碰碎，她慢慢地骑着自行车，到初云家时天色已暗。初云直挺挺地躺在床上，小腹袒露在外，上面一条发红发亮的伤疤，脸部因发烧泛着红光，婴儿还躺在

怀中吃奶。这场景使初玉深为震撼,好像有东西正在活活残食初云的躯体,而且她很快想到了那些东西就是病痛和婴儿。

应该有人来把婴儿拿走　把病人送到医院

初云仿佛听到她的心里话,平淡地说　没什么大问题　不吃辣椒就好　最后还笑起来　一了百了

初玉以为她的意思是死了干脆,隔了好几年才明白,所谓的一了百了　指的是男女之事——避孕。这类夫妻间日常的战争,最终以女人的绝育平息。

她脑海里深刻着初云躺在床上,婴儿仍在腋下吃奶的情景,腹部的那道伤口像闪电一样灼目。她想起了阎真清阉鸡时划开的血口。第一次对自己的女性身体产生了恐惧,她没想过女人的身体要承受这些　我永远不要生孩子　不要在我生病的时候　还有别的什么东西在吃我的身体　她后来是这么想的　我也不要结婚　不结婚就可以不生育　不生育就不用结扎　死也不要在身上任何地方留下刀疤

几年后,初玉又目睹了初月结扎回来的情景,这加重了她对身体的恐惧。

姐夫王阳冥拖着一辆两轮板车,他面色黧黑身形矮壮,汗珠从秃顶的脑袋上冒出来,好像淋过雨。他脸上本来就有晦气,人们说他抹过太多尸体,阴气便附上了相貌,上了点年纪之后,整个人就像在死亡液体中浸泡过。他身上佩戴的黄金饰物,倒像是陪葬品——看风水搞活了家庭经济,有钱不知道怎么花,就都堆在身上,重量要盖过别人的,黄金项链往粗里打。他拉着板车项链与手链沉甸甸的,像一个失去自由的苦力在长堤上缓缓跋涉。初月躺在板车

上，大花被从头捂到脚一动不动像个死人。

王阳冥直接将初月拉回娘家调养，阎真清因此认为小脚奶奶一碗水没端平，在妻子面前挑拨离间，被初云淡淡一句"我们家欠初月的"挡了回去。

某一天初玉记起小时候问阎真清阉鸡的问题，成年后明白了他的答案，同时又产生了新的疑惑，不知道女人绝育后是不是也去掉了七情六欲，她没有问过任何人，也没有跟人谈论过这些。关于女性成长中的很多问题，像小脚奶奶从不拿到太阳底下晾晒的内裤，都有说不清的禁忌。很多事情她觉得不应该那样，但因年龄小，说不出道理。比如母亲，她一直忍受着钢圈在精神和肉体上的双重折磨，老是腰酸腿软，下腹胀痛，干重活时疼痛更加明显，她不得不付出更多的精力对付体内的冰冷异物。她疲惫地坐在椅子里，仔细品味钢圈带来的各种不适，样子可怜。

父亲死后，母亲按照奶奶的意思，给来宝腾出一点地方，把床铺搬到了婆婆的房间，夜里两人经常熄了灯躺在各自的床上，就着黑暗东家长西家短，直聊得一方响起鼾声。所以白天她俩倒没什么话说，甚至像彼此赌气，有人说婆婆把媳妇看得太紧，媳妇心里不腻和*12。

母亲时常想去摘下节育环，既然男人都不在了，那东西就没有存在的必要了，她当时是这么考虑的。那天晚上奶奶的心情不错，母亲隔着几重蚊帐，斗争了好长时间才说出口来。

"一个寡妇去医院摘环，这会逗别个说闲话的"小脚奶奶这么回答儿媳妇，她的声音平淡清晰，像做任何一次决策一样，"那东西就让它放着，不碍么子事"

母亲照样嗯了一声,没多说话。她去世之后,初玉整理遗物时看到了一本一九八〇年的病历(一切与她生活有关系的物品她都保存着),上面显示母亲去医院看过病查过环,诊断环已经移位,取环需要住院手术,也许是因为时间和费用等种种问题,母亲选择了与钢圈共存。母亲是趁去镇里买东西的机会偷偷去医院取环的,这大约是她平生第一次违逆小脚奶奶,并且以失败告终。

戚婆婆冇年纪*13 的时季就是个狠角色了　旧社会的女人像她那样厉害的只怕不多　乡下人一凑堆就会翻出老事情来　她长得好　男人屋里富贵　可惜是根花花肠子　也不晓得她是怎么做到的　硬是没让她男人讨成小老婆　后来是被别人打死的　据说是睡了别人的堂客　有想到他的仔又继了他的脚*14　守寡没两年　有了相好　她婆婆给了她两条路选择　一是同意她嫁人　留下儿子　家财一分钱也别想拿　二是安安分分守寡　到儿子成家　就由她掌管全部家产　她可以枕着金银珠宝睡　戚婆婆到底为什么没有改嫁　到现在都是个谜　有的说那时正值辛亥革命动乱　那男的战死了　有的说戚婆婆贪恋家财　选了第二条路

人们的意思是说,戚念慈闻过梅开二度的致命芳香,她这是担心一个三十多岁的寡妇,万一管不住第二春的袭击跟别的男人跑了,丢给她六个孩子,她可扛不起这烂摊子。初家早没有当年的富贵家财做筹码,她也没有给儿媳妇摊牌的底气,只能从身体上暗自管控,杜绝吴爱香与男人单独接触的一切可能。

有时候个人痛苦的经验不但不会让人对别人相似的遭遇产生怜悯　反而会铸就一颗更加冷漠与无情的心　母亲去世之后,初玉反思自己的家庭,琢磨人性,她曾从小脚奶奶对待母亲的态度上得出上面的结论。当她握着母亲那一双因劳作变形的满是树瘤般粗糙的手,眼泪落下来　世上再也不会有这样苦命的女人了　她想　她冷清的子宫里那个该死的钢圈将被大地腐蚀　再也无法折磨她了

罩子天没有被太阳收走的迹象,四下里白雾茫茫,鸟迹绝踪。除了马路上偶尔过的汽车,这个大清早算得上寂静,整个小区好像只有这一对姐妹醒着。

我不是港得耍*15,我是默清了神*16的　初云也来到阳台,终于用做姐姐的那种年纪与阅历稳住舵,义无反顾地驶向风雨深水区。她摘掉花枝上的黄叶,像评价盆中植物似的努力压低嗓门,音调平平地说　我想跟另一个男人生孩子　我想这么做　她说起她跟那个男人有多好,复通输卵管后她就去跟阎真清离婚。过去三十八年,她一直为别人活,现在她要为自己活一把

如果你是一个大家庭里的长女　下面还有五个老弟老妹　老架*17死了　娘身体不好　恩妈*18一双小脚　你就有得么子选择的余地　你两岁大我就要背着你去读书　回来还要割猪草　喂牛食　挑满水缸　田里锄草　河里洗衣　夜里还要赶作业　娘经常腰疼　脸色黄　要我港　世上有得几个干娘*19疼媳妇的　你都不晓得你有好不省心睐下眼就看不见了　你就是爱耍水　屋周围都是荷塘　都怕你掉水里闷死*20　恩妈为了你　不晓得骂过我好多回

初云持续那种平淡的语调,像飞机经过短暂的颠簸终于上升至万米高空,没有任何气流影响,平稳得像坐在家里,机上的乘客

这时开始放松身体,看一看窗外的风景,犒劳抚慰颠簸期间的惊吓,嘲笑自己胆子小,以为那点晃动是发生空难的前兆。初云露出笑容,她完全没有诉苦的情绪,声调像一盆植物一样客观,尤其是说到初玉小的时候,竟像母亲谈论孩子般满面慈爱。渐渐地什么东西像雪一样融化了,机窗外的白云像蓬松的棉花一堆一堆,心态已完全进入飞行模式。正是这时候,初云望向初玉,发现后者不知什么时候已经泪流满面,飞机又一颠,失重感使乘客再次意识到自己远离地球的危险,不觉抓紧座椅扶手,合上了厚嘴皮。

初云呆呆地看着妹妹。初家所有人都没有拥抱抚慰的习惯,所以她只是站在一米外的地方一动不动,仿佛面对一团病菌。

你吃过那么多的苦　现在可以轻轻松松地为自己活　对自己好　你应该出去旅行　去看看外面的风景　可你居然还要复通输卵管生孩子　你结扎十几年了　又想着找生育的苦　我从小看了你们作为女人遭受的罪　尤其是妈妈　像牲口一样生育　因为恩妈要孙子　因为父亲要儿子　最后还要忍受一个钢圈的折磨　还有初月　差点难产死掉　没有谁会记住这些危险　男人们也真的当生育是瓜熟蒂落的自然结果　也不想想医院产科每天为什么那么多不肯瓜熟蒂落的　你现在居然还要冒几重危险去干这件事　我真的不明白　初玉摆了摆脑袋,仿佛告诉患者家属病人已没有治好的希望。

跟他生养孩子　对我来说　就是快乐　就是生活　你可能是不明白　因为你还没有碰到一个这样的人　此时初云的面色明亮起来,仿佛太阳收了罩子天,但立刻有片阴云一闪——她觉得刚才的后半截话没说好,也许会无意间刺伤初玉,讽刺她已经三十岁了还没结婚生子。这个年龄的姑娘，在农村就是有问题生理缺陷性格古怪嫁不出去的老姑娘，让全家人脸上无光包袱很重。虽然初玉身高一米六五，小脸秀丽，胸部不大不小，腿不长不短，腰不粗不细，上的名牌大学，是初家　光宗耀祖的角色

　　你条件这么好　找一个配得上你的不容易　只要你适当降低一点标准　说不定娃都有了　她这蹩脚的好话像一座雕塑临时粘上去的断臂，谁都能一眼看出破绽

　　我根本就没想过生孩子　强行粘上的断臂使初玉心里烦躁　你不要用村里的眼光来看待所有女人　你们就是结婚　生娃　带娃　年纪大了再替儿女带娃　活得长的继续给孙辈带娃　总之是在灶台和带娃之间老掉　她的声音像深冬寒冷的湖水，既然开了头，就干脆说个透彻　城里女性竞争大　要读书　考研　读博　除了家庭　还有事业　现在是二十一世纪　像你这种爱一个人就给他生娃　就给他做饭的旧思想要不得了　照你这么说　难道天下女人都应该学厨艺　如果爱就等于生娃　那不想生娃　不能生娃的女人就不懂爱　没资格爱么　这是什么逻辑　事实上你说的那两样东西根本就不能为女人提供安全保障　你应该好好想一想你作为一个人　一个女人　四十岁之后怎么过更有意义

　　跟他生一个孩子　我就是这么想的　初玉的长篇大论对于初云，就像光亮对于瞎子，声音对于聋子，艺术对于牲口，她保持她的客观语调　你还没对离婚的事发表看法

　　这是另一码事　我不想掺和你的婚姻决策　初玉回到客厅，在沙发上坐下来，好像刚才一番话让她筋疲力尽　我甚至也不想阻止你做输卵管疏通手术了　不评价了　我尽我所能给你在医院

做检查提供一点方便　但我对你遇到的这个男人没有好感　生孩子是他的条件对吧　如果我没猜错的话　他这是给你出难题　首先　这是违法的　不提供相关证明　没有医院会做　其次　让一个绝育多年的超龄妇女做复通手术　恢复生育能力　医学上可能性是极小的　我觉得这个男人并不爱你　所以找出这么一个理由　到时候可以理直气壮地抛弃你　像扔掉一块香蕉皮　因为他已经吃到他要的那部分了

听到　违法　二字，初云吃了一惊，但她迅速抛开这个，她更关心能否手术复通　北京的医生技术好　小地方医院我也看过　他们一听就说不行　也不知道说的是不能恢复生育　还是不能给我做这个手术　来北京检查看看　行不行　都落心落意了

行　下周一吧　初玉以医生的口吻说道　你会发现北京还有大把比复通输卵管更有意思的事情

3

初安运的死，人们私底下谈论了很长时间，说什么的都有，甚至有一种不可靠的言论还占据了主流，说的是子克父，前世是仇人，今世是做不成父子的。人们也都看得出来，戚念慈爱子如命，也许这是当年她没再改嫁的真正原因。白发人送黑发人，她没有像别的村妇那样在地上打滚号哭，要以自己的命换回儿子的命，她紧攥手中的拐杖，深深地戳进泥土里，眼睛瞪着某个地方，脸上所

有的皱纹都悲伤待命。

那天没有一丝风,但她的白发微微抖动,细心的人看见她的手也在颤抖,一双小脚钉子一样牢牢地钉在大地上。她一定在那天就着忽明忽暗的天气回忆了儿子的一生。有人过去搀扶她,她像个铁人一样身体冰冷坚硬。但这也就是初安运下葬那天的事情。

此后人们发现她的变化,好像周围还有一个看不见的怪物在觊觎她生命中重要的东西,她时刻警惕,随时准备出击。同时将身边的人训练成精兵强将。这就是为什么她每天预报天气,敦促早起,让每个人都在自己的轨道上高速运转。

她很快养了几只兔子。大家猜想她心里一定难过得不行,养养小动物,对一个悲伤过度的人来说的确会大有帮助。她也常去后山散心,顺便采些蘑菇回来。她看起来相当平静,好像不曾失去一个儿子,好像什么也没有发生。

某一天夜里,人们突然听见一阵救护车似的笑声,那也是人们第一次听到她那么敞亮的大笑,声音兴奋,导致音色产生变化。第二天,人们才知道她的兔子全部死了。有些人担心她受了刺激神经出了毛病,都找着借柴米油盐的各种借口上门来打探虚实,并不是诚恳地安慰她。但她看起来没什么大碍,平静得像一件清朝的器物。她亲自看着儿媳妇在山里挖了坑埋了兔子。后来有人送她一只猫,有人给她一只狗,她都拒绝了,此生没再养过任何小动物,似乎再也经受不起任何生命的死亡。

这以后大家也渐渐忘了这回事,对初安运隐秘的风流韵事兴趣渐淡。过了两年,初安运睡过的女人成了新任场长妻子消息很快传出来,过去关于把自己的女人做成诱饵的说法在某种逻辑上似乎说得过去，一时间人们又开始议论纷纷，有说新场长不会有好下场，也有说那女人坏话的，跟妓女没有区别。戚念慈照样颤颤巍巍地去后山散步，她沉浸在自己的世界里，偶尔停下来面带笑容和别人说几句，证明她精神正常。

过了几个月，正是山后蘑菇泛滥的时候，忽然有一天，新场长夫妻双双暴毙家中，据说是吃了带毒的蘑菇。这一事件导致全村人对蘑菇过敏，并且让它永远从餐桌上缺席，无人采摘的蘑菇疯长腐烂，被踩成泥浆。

这时候初来宝还没开口说话，到六岁也看不出要说话的迹象。人们说戚念慈手上沾了两条人命，报应出一个哑巴孙子。他们总能找到一个合适的位置，对周围发生的事情评头论足，发出正义的批判或赞美。这些人往往是同一拨人，他们有的是时间整理线索，像做拼图游戏一样，一旦拼成某种事实，便对自己的智慧欣喜无比。比如说新农场当主任，总有人送东送西和他建立关系，有的怕他不收，悄悄放下东西便走了，隔几天再闲淡地问那干货味道怎样，熨斗好不好使，这么巧妙地告知对方那些东西是自己送的。据说这对夫妇死的前一天也收到匿名送礼，人们猜测蘑菇是其中的一部分，过去了很久的一个谜团，此时像一道闪电划过夜空，人们想到戚念慈，这种手段完全符合那个狠角色的性情。

当初她养兔子我就觉得不对劲　她平时又不是爱小动物的人　见到猫狗都要打一棍　骂几声的

说的是哩　有几回在后山里碰到她采蘑菇　我好心好意给她打招呼　我说戚家恩妈，你要莫绊哒呢　她脑壳都不抬回答我　说我这阵子绊不死　要就这样绊死哒　我也不得合眼　不晓得

她吃了哪个的气

你们是说戚婆婆拿兔子做试验　花了五年时间用毒蘑菇给仔报仇　我不信　冇得这样的事　她一个小脚女人　搞不出这么大的事情

各种言论传到戚念慈耳朵里，她匀速晃动的脑袋既不停下，也不加速，白面团脸上微露笑意，似乎很满意这种扑朔迷离的局面。打那以后，她的饱嗝打得更响、更自信，夜里头她房间里经常传出那种救护车似的笑声，好像婆媳俩在玩什么游戏。但是这种救护车似的笑声像电池耗尽越来越弱，最后像拖长了音调的哮喘，在门窗边才能听得清楚。她那时已经八十多岁，也不再去后山散步，几乎闭门不出，偶尔出现在日光底下，收拾得像要上街，头发顺溜，衣服干净，但脸色不好看，眼睛几乎被松弛的皱纹淹没。人们说她已经有了死相　认定她撑不了多久，她将舒舒服服地躺在她早就准备好的楠木寿棺里去和她的儿子做邻居——这应该也是她盼着的。

人们留心观察她的动静，有些人与其说是去看望她的身体情况，不如说是打探她还能见多少个日头。他们看到的景象并不乐观　屋里一股尿臊味　样子完全看不得了　整个冬天就是这样，她没有出门，总是躺在床上，撒尿也不例外，屋子里那盆火从不熄灭，吴爱香看护着火和她。夜深人静起床撒尿的人会看见那窗火光，仿佛那屋子里有什么人正在制造秘密。

开春不久，柳树冒绿芽的时候，戚念慈又拄着拐杖出来了，一场冬眠后，她的精神头胜过吴爱香——后者一脸败相，并没有春天的生气——又摇着脑袋活了十几年，五姐妹像小鸟一样飞走了，巢里只剩下她和吴爱香婆媳。

人们都记得这个清朝小脚女人去世的日子,那是二〇〇〇年正月初一大清早,持续一周极冷低温天气之后,鹅毛大雪纷纷扬扬 六点钟哒 雪只摁哩 戚念慈站在家门口完成最后一次报告时间与天气回到床上躺好,再也没有起身拿起她的拐杖。

第一个赶到的是王阳冥。

他作为风水大师早不再干抹尸的活计,但一来就挽起袖子,捡起了十几年前的营生,抹尸、请水、入殓等一系列丧葬风俗礼仪他全包了。人们都说他怀着感恩之心,因为初月除了人人都看得见的那点小缺陷,她身上有数不清的美好。就像一本好书,他是唯一的读者,一边读一边杠,最后整本书都画满了杠,藏进箱底都舍不得与人分享。初月就是这样一本值得画满杠杠的书。谁都看得出来,王阳冥是把初月供起来的。他人勤快,办事踏实,嘴皮活泛能说会道,阴间阳间的事情没他说不上话的,几个孙女婿当中,戚念慈最乐意跟他聊天。她老早就相信王阳冥会有出息,尽管当时大家都认为他年纪偏大,个子不高,主要是经常与死人打交道,身上沾着晦气。

戚念慈认为,一个看了那么多死亡的人,会更懂得生命,初月跟他不会吃苦。事实比戚念慈预料的好,岂止不会吃苦,简直是掉进蜜罐。初月嫁过去根本就没下过田,养得皮肤细白,体态丰腴,每天在家里打扫擦拭,窗户家具一尘不染,灶台碗柜干净整洁,屋门口种着蔷薇、月季、栀子花,屋后有石榴、玉兰、无花果,最难养的牡丹居然也活了几株。两个娃穿的虽是自己裁剪的麻布粗料衣服，也总是清清洁洁、体体面面。别人说初月在娃娃上实现自己的爱美梦想，弥补自己的人生缺陷。当然是不是这样都无关紧要，初月贤惠不用怀疑。她也将王阳冥收拾得像模像样，走出去像个赤脚老师*21。

人们发现初月天性里有浪漫的东西，她将少女时期不能实现的浪漫情怀全部投入到家庭中。男人们带着遗憾的口吻，说以前只注意到初月没有半边头发，完全没有发现她身上十分之九的地方都堪称完美　在床上肯定也花样不少　他们说　鲜花插在牛粪上　好瓜让王矮子摘了　那家伙福分不浅

当年订完婚，王阳冥就送初月去学裁缝，两人的结婚衣服都是她做的。人们相信两个会过日子的人在一起，生活只有美好，更何况王阳冥的确算得上戚念慈的半个孙子、吴爱香的半个儿子，但凡初家这边有什么事情，不论大小，他都第一时间赶来处理，人们正是从这一点上看到他和初月的感情。阎真清是断手板*22，只会阉鸡，对岳家的事情不上心，往往在王阳冥一切办妥之后他才出现，说话做事不咸不淡，纯粹是做做样子。人们说由于阉鸡这门手艺随着社会的发展越来越成为传说，而王阳冥的技能越来越值钱，戚念慈有偏心，阎真清心里不腻和。有一回，戚念慈说男人光有身架子没什么用的话传到阎真清的耳朵，虽不是具体针对他，却同样刺中他的心。

初月紧随丈夫其后到达死者身边，摸着死者的脸一阵响哭，临终前不在死者身边，这个遗憾平添了许多悔恨，她久久都不能走出这个念头，仿佛要是送了终，她就不会这么悲伤。

吴爱香面色憔悴，但过去围绕她的那种隐忍气息已悄然消失，

她散发出一种她自己浑然不觉的光辉。有些嘴巴刻薄的人说，戚念慈就是套在媳妇头上的紧箍咒，念了几十年经，把媳妇神经都紧坏了　现在她终于可以当家做主了　吴爱香要做的第一件事就是解开目光，放出这条常年被拴在眼门口的狗，让它自由溜达。她不时望向大雪茫茫的穹空，仿佛是佐证人们的猜测。她的目光穿过大雪的厚帘投射到很远的地方，掠过农场结冰的湖面、臃肿的屋顶，绵延的丘陵像一个横卧的女人，女人似乎在向她微笑——她从来没有恨过这个女人。当那些事情传到她的耳朵里，人们既没有看到电闪雷鸣狂风暴雨，也没有听到小雨淅淅沥沥滴滴答答，她像雪融湖面一样无声无息。人们猜测她那儿已经结了冰。

　　不会撒娇性情呆板的乖女人　总会输给那种会骚会嗲长相一般的　女人们暗自总结出这个结论，并且反思自己，打算有意识地做出某些改变。事实上人们也只是凭表面判断，谁也不知道吴爱香与丈夫单独相处时会是什么表现，连生七胎能证明什么？多少妻子一辈子不知道高潮是什么东西，多少丈夫像牲口一样只懂得配种。但正是这些不清不楚的事情让人们活着觉得有可琢磨的。死人、扒灰、偷情、婚嫁、寿庆……各种喜事、灾难都是旁观者的节日，只可惜像初家这种剧情复杂惊险悬念的连续剧本子太少，因此生活的大部分时间被无聊统治。

　　初月哭了三分钟响的，两分钟轻的，一分钟清理面部残泪，同时抹掉了脸上的悲伤，正常说话做事。她这时的穿戴已是展现阔气，系腰带的羽绒衣，长筒的靴，一身金器。脸上做过修饰，文了眉毛，绣了眼线，假发也像真的一样，整个人散发出一股城乡接合部的时髦气息。一个人不读书光靠衣裳成色自然上不去，初月这样算是会打扮的，好多小地方女人手里一旦有点钱，立刻就把自己弄得花里胡哨像只野鸡。当初背地里奚落过王阳冥的人，心里已经服气，连初月头部的缺憾也不是事了，他们最后承认，他俩是最幸福般配的一对。

老三初冰和她装了义肢的城里丈夫一度让村里人羡慕——一个城镇户口远不止抵半条腿——人们的意思是说义肢丈夫戴新月配初冰绰绰有余。初冰是五姊妹中长相最次的，脸部遗传了父母的缺点没做出任何弥补，然而她嗓音柔细，个子娇小，一身妖媚，挺着胸脯翘着屁股，走路像是扭秧歌，走慢扭慢，走快扭快，尤其是甜美的笑声，掺杂着放荡，像冰激凌面上抹了巧克力，余味无穷的。

戚念慈说她　有心计　换种说法就是情商很高，她走哪笑哪，小眼睛弯弯的，像一脉清泉淌过。初冰不想过农民生活，老早就清楚自己要嫁到城里去，她的身体和性格双双早熟，初中毕业后就着手她的目标计划，经常走四五里地去镇里东看西看。后来找到一份工作，早出晚归，没多久就住到镇里去了，一年后就嫁给了她的雇主。

那是一九八六年，武打片流行，录像带和武侠小说租售兴起。初冰在录像厅里传出的武打声中逛街，按奶奶的盼咐买对联年画。她的身材早已经引起了小镇青年的注意，有几个人想以谈爱的名义玩一下她，都没得逞。因为这个满脑子现实的乡下姑娘，知道小镇青年的优越感，以及他们对乡下人的歧视，她知道什么样的天平不会倾斜。当她看见戴新月那条空空荡荡的裤腿，就知道一个重要的筹码已经压在了她这边。

那个雪后初晴的上午，气温回升，不时有融化的雪块从树枝上掉下来,屋檐上的冰凌开始滴水,来往的人使雪泥发出吧唧吧唧的响声。照相馆门口,一个男人正将广告纸糊上橱窗,他样子不老不少,剪着平头,国字脸,两道剑眉,体格健壮,左腿却是虚的——正是这根空空荡荡的裤褪带给初冰信心与希望——他动作缓慢庄重,细心地抹平哪怕是一点气泡,一道皱褶,如果说是他腿脚不便的原因造成某种慎重的错觉,他脸上的表情同样专注认真,好像内心在做某种祈祷——后来她也知道,事实上他的确在祈祷,他已经三十多岁了,他鼓起勇气这么做,希望能如愿以偿。

许多年后,初冰仍能一字不落地背诵那纸招聘广告

本照相馆诚聘女性助理一名　要求未婚　健康　善良　身材苗条　五官端正　户籍不限　学历不限　年龄18—30岁　无不良嗜好

她当时就站在一边,目光圈住他带鬓角的侧脸与肩胛,她被什么东西打动了。她默默地等他张贴完毕,跟他进了照相馆。半个小时后,她就成了那个眼睛安静、嘴巴寡言的摄影师的助理。直到结婚那天他才告诉她,一年前的招聘广告,其实就是征婚启事,他根本不需要什么助理,他找的是伴侣。

她说她早就知道,那一看就是征婚的,她在他贴那张东西的时候就爱上了他的侧脸。他对此深信不疑。他大多数时间沉默,但不阴郁,看起来像个哑巴,直到他们有了儿子,他的话才多起来。以前镇里人说,从没见过这么孤僻的退伍军人,不跟任何人往来,也不和姑娘约会,但后来算是从战争那方面找到了原因——人们

开始去理解他内心的创伤,对他分外友好。过了些年,人们有的忘了这些,有的不知道这些,他再次成为小镇怪人。他从来不讲那场战争,从来不讲他的腿是怎么回事。父母当年送他去部队镀金,没想到真的碰上了战争,上了前线。她也是当助理很久后他才告诉她,在一场极为残酷几乎全军覆没的战斗中,他的左腿扔在了战场上。

无论如何,你是我心目中的英雄 她当时是这么说的。这句话将她和他那辆耗了不少燃油的列车扳进了正轨,一口气轰隆隆地开进了婚姻的终点。

谁也没料到初冰能嫁到城里去。一些出于嫉妒的人在那条空荡荡的裤腿上找到慰藉,最后发现其实那不过像初月半边光溜的脑袋,根本不算回事。这个叫戴新月的家伙有足够的资本填充空裤腿,他有勋章——虽说那块东西已经生锈兑不了一分钱,他有津贴,而且他模样周正,装了义肢后四肢完整,简直算得上仪表堂堂,孔武有力,于是人们又说,这个乡下姑娘是女癞蛤蟆吃了天鹅肉,这都归功于初安运的坟址选得好,庇佑后代。

大家都眼见初云初月初玉的好日子,只有初雪,高考落榜后一个人跑去上海,很少回家,人们不太清楚她的状况。在戚念慈的葬礼上,人们最想看到的是她,那个小时上树掏鸟窝,下河摸蚌壳的大胆姑娘,会带几个人回来奔丧。

现在还没有真正的热闹可看,初雪回来最快也是晚上。所以人们饶有兴致地盯着搭灵堂的人,看他们怎么将巨大的帐篷支起,挂上写着"奠"字的白纸灯笼,灵堂里烧起蜂窝煤炉和柴火堆,供看客和帮忙做事的取暖。写着 沉痛 悼念 的充气拱门一路摆了几里地——过路人一看便知道这是花大钱的豪华丧事。

早饭后铳炮响起，哀乐浸染每一片雪花，仿佛下的不是雪，是哀伤——但这又夸大了事实，除了新到的奔丧者用说唱般的夹叙夹议惹得大家陪着落几分钟情不自禁的泪，其他时间甚至都是欢乐的。

一百零五岁的阳寿 真正的喜丧 莫伤心哒 人们这样安慰死者亲属，于是大家的言行就可以不加掩饰地欢乐起来，毕竟各自忙着挣钱，联络少，好久没有见面，出外长了见识的要显摆见识，赚了钱财的要炫耀钱财，添了儿孙的要展示儿孙。于是人们三个一团，五个一伙，在火炉边围成一朵花，抽烟喝茶，嗑瓜子嚼槟榔。

戚念慈则舒舒服服地躺在她的楠木棺材里，身上覆着绫罗绸缎，脸上盖着她常用来揩迎风泪的白手帕，静静地聆听着周围的声响。第一次在初家大事中缺席——事实上也没缺席，她还是主角——如果她能起来张罗自己的丧葬，她一定会拄着拐杖，小脚钉在地球上，大刀阔斧地调摆，减少酒席开支

鲍鱼海鲜芙蓉王茅台酒都要不得 河鲜加白沙烟加南州大曲顶好的 我想早点入土 七天酒席改三天 一天几十桌酒席四天要节约一大笔 还有啊 戏班子唱一天八千七天五万六 改唱一天孝歌子又省下五万 照我说啊 天又冷 雪只摁 比上不足比下有余 过得去就行了

人们对戚念慈的了解正确，吴爱香后来的话也证实了这一点，只不过晚辈们还是要大操大办。王阳冥拿出十五万交给治丧督管，基本上承担了全部费用。吴爱香说婆婆是选择有意悄悄离开

的,她不想要别人送终,送死者她受不了,让别人看着她死,她也受不了。她知道自己什么时候离开她逗留了一个世纪的人间。

死前不久,在一次极为普通的聊天中,婆媳俩进行了一次长谈,戚念慈向吴爱香交代了后事,除了节约丧葬安排——她有那口楠木棺材心满意足——她第一次用她枯槁的双手捉住儿媳妇的手,四根枯藤绞紧摩挲,发出砂纸似的声音。她像一艘打捞上来的古老沉船,平静黯淡,用充满历史况味的语调肯定了吴爱香为这个家所做的付出,说她是了不起的女人 晚年会有好福享的 不过,戚念慈这一次没说准,这是后话。

吴爱香复述这些时五官紧缩,拧出一些泪水,看起来像是喜极而泣。

亲戚们像一群发现食物的鸟,叽叽喳喳地扑过来,初来宝本能地做出了躲避挨打的姿势,垂下头,双手抱住脑袋,眼睛上瞟。

女亲戚们一身脂粉香,脸上有夸张的热情。来宝脑海里闪过《动物世界》的画面,他想她们不是那种吃虫子的小鸟,而是扑向腐尸的秃鹫,一个个翅膀宽大,目光尖利。她们轻轻地啄食他。摸他的肩膀,捏他的头发,抓他的手臂,还有人拍了拍他的脸,意识到他不再是四五岁,而是个大小伙时,突然停止了动作。

那些手收回去了,手开始互相友好地搓摸,嘴里不停地说话,来宝一句也听不懂。他从来不知道他有这么多亲戚,有的是第一次见面,有的好些年前见过,都是奶奶的娘家人。她们聊着,眼睛却盯着他,他知道他们仍然在谈论他,他听到了父亲的名字,她们惊叹他背影跟他父亲一样,都有板栗后脑勺,头发自然卷,但也就这两句,便迅速转移了话题,几声叹息像风过松林。

他撇下她们,抓起一把香烛,长明灯前的香烛快烧完了,如果不及时续上,灯一灭,死者就会眼前漆黑看不见路,掉进什么地方淹死。这是香烛师傅教的,他牢牢地记着这一点。他尤其知道,奶奶的小脚走路本来就不方便,他可不愿她有个什么三长两短,他要她平平安安地去她该去的地方。

来宝　这几天你就好好当孝子　香烛你莫管了　那边有香烛先生

他只顾往棺材边走,仿佛用耳朵看路,听不见别人的话。他想起奶奶在太阳底下洗她那双奇怪的脚,像两块糍粑,两只小白鼠。

我这双脚啊　像你这么大的时季就缠上了　天天疼得哭哩

奶奶是笑着说的。

奶奶为什么要坚持做一件那么疼的事情　来宝这么想时,一片雪花落在他的手背迅速融化　六月间要是有这样凉清清里*23的雪花就好了　热得出汗时有凉清清里的雪

他已经看见一个人走近自己——楠木棺材外面那层黑亮的油漆像镜子,那是王阳冥花了三个星期,用了十桶油漆,在无风的太阳底下刷了八十遍的效果,他没允许一粒灰尘沾上漆面——尽管它将会埋进黄土——人们说只有带着虔诚与感恩的心才能干出这么漂亮的活,稍有杂念、不耐烦、急于完工,油漆面上就会有颗粒,甚至会起漆皮。王阳冥的油漆深深地融入楠木,像雨水浸入土壤。

来宝一走近棺材,绸缎的红艳火一样映得他的脸也红了起来。他伸手揭开白手帕,看着熟睡者那张刀削似的脸,有点不相信那是他的恩妈。她好像年轻了很多,五官清晰,鼻子高挺,和初玉

一模一样,不知道是不是雪天的缘故,她脸上又白又干净,嘴巴抿成一道弯,样子不像以前那么严厉 来宝 去把你大姐叫来 过几天就要出嫁了 不知道东西都准备得吗子样了 他脑海里响起多年前恩妈对他说过的话,他记得她的声音,现在她像会随时张开嘴说出类似的话来。

那天下午他没看见初云,他在她的房间里待了很久,东摸摸西摸摸,不明白为什么一下子买这么多新东西,而且这些东西都要搬到别人家里去。后来钻进柜子,打开柜门时衣柜吱呀尖叫,像是被谁弄疼了,他使劲嗅柜子里的新衣、柔软的布料,以及那些男人绝不会有的气味令他昏昏欲睡。

我家有七个女人 一想到这个他就十分欢喜,他甚至拿这个数字向小伙伴们炫耀。他的婴幼儿时期几乎是在五个姐姐的背上度过的,她们背着他去所有她们去的地方。可现在七个女人只剩躺在棺材里的恩妈和坐在火炉边不断拧挤悲伤的母亲住在这个房子里,而每天起床报时报天气上床打嗝放屁的恩妈因为山坡上有个坑在等着她所以放弃了她所有的工作。过去他的姐姐们要么变成客人,回来客客气气地打个转,顶多睡一两晚就回到她们自己的家,而且她们的娃娃又哭又闹;要么就干脆躲在那台红色电话机里,时不时把母亲弄哭,人却很少露面。母亲不要她们寄回来的钱,她们说存着给来宝娶媳妇,母亲便又是一阵眼泪。

那台红色电话机沉默的时候,母亲总是忍不住要看它两眼,像是怕它寂寞。她过了很久才知道怎么用它,她恰巧认得电话号码那几个数字,所以她也会拿起电话喂喂叫,好像在地坪里大声喊谁回来吃饭一样。来宝在的时候,母亲就把听筒对准放他耳朵上,他听见遥远的女人的声音,当她说她是谁的时候他完全听不出来,慢慢地,他从这些陌生的声音中重新分辨出他的姐姐们,他觉得忽然多了几个从不见面的姐姐。只有初雪很少待在电话里,她喜欢外面,她一定到很远很远的地方爬树掏鸟窝去了,也许她和狼在一起。她以前总是说她要去看野生动物,要去原始森林里养一群狼——她要带那些狼回来,恩妈肯定不敢用拐棍把它们像赶狗一样赶出去。

在衣柜里东嗅西嗅的那一天已经过了十多年,那一天来宝第一次挨了母亲的打。他将那些散发异香的衣服一件件穿在身上,身体臃肿无法挪动,于是在新布料和香粉味中睡着了,也许带着一点连他自己也不懂的伤心。

来宝 你在哪里 快出来 他在睡梦中听见母亲的声音。他们在找他。他们有点着急,恩妈已经开始有了责怪的腔调。

柜子门打开了,初云满脸惊恐像见到了鬼。母亲过来了,打了他后脑勺一巴掌。不是因为他弄脏了新衣,不是因为他害得大家四处寻找,而是因为他将初云的胸罩戴在头上扮飞行员,气哭了初云。

那天的事他一直没明白,后来他娶了一个女人,才知道那东西不是戴头上,而是给奶子穿的 如果我穿对了,就不会挨打了 他将娶来的女人的胸罩戴在头上,他以为这是惩罚女人的方式。可是他娶来的女人一点也不生气,反倒模仿他,把他的红三角裤戴在头上就出去了。

娶来的女人比他小五岁,名叫赖美丽,身高一米四五,脸上多雀斑,头发黑又长,编着很紧的辫子,很多天都不会解开来梳洗。

她妈来看她,她问你是谁,有时候一下子就能想起来　你是我妈妈呀　猜猜我是谁

结婚第二天,人们看见赖美丽一大早就卷着裤腿在河边泥坑里摸虾,辫子尖在水面荡来扫去。

美丽　港一港*24昨天夜里怎么睡的呀

眯哒眼睛睡的哩

来宝在高处还是脚下呢

我干娘要我不搭起*25你们

我们也不跟别人讲

别人是谁

就是你干娘

那我告诉你们

人们从赖美丽的嘴里知道,她和初来宝每天晚上脱光衣服,互相看着对方的身体睡觉,好像旁边躺着的是自己的影子。这样过了几个月,有天夜里初来宝开始四处寻找赖美丽身体上的孔,他将她的身体翻来覆去地毯式搜寻,最终还是只发现了耳洞、嘴巴和鼻孔,他非常害怕她嘴里的牙齿。因为他亲眼看见它们撕扯过猪蹄之类的很多东西,她还能嘎嘣一声咬断只有剪刀才能做到的活。她那口雪白的钢牙,简直像铡刀,可以利索地切断一个人的脖子,而且她就是喜欢刷牙,刷牙时哼歌看天,听树叶哗啦哗啦响,每次刷得忘了时间,仿佛正是因为它刚刚咬断了什么血淋淋的东西,才需要这么长时间的清理,或者说她刷牙就是磨刀,为下一次撕咬做准备。

他不止一次听人们赞美过赖美丽的牙齿,这加重了他内心的

警惕,夜里一上床,他就扯个什么东西捂住她的嘴,防止她露出光芒闪闪的牙齿,要么蒙上自己的眼睛,但大多时候他一上床就黑灯。人们只道他这回是找着门道尝到甜头不知饱足了,后来才知道他害怕赖美丽的牙齿。

这样过了一年多,赖美丽还是像刚嫁过来一样,只不过模样气色好了很多。有人建议,一旦有牲口交配,立马让这对夫妻去观摩学习,可能会有意外的启发,所以村里但凡有人大喊 来宝快来看 时便是发生了这类事情。没有人知道是这个办法起了作用,还是私底下有谁手把手地进行了什么培训,一年后赖美丽肚子鼓起来瘪下去,生了一个女儿,取名初秀。

按照计划生育政策,第一胎是女儿,第二胎要间隔四年,于是避孕又成了初来宝的头等大事,这个比造人更复杂的问题,对智商的要求更高,又没有可以具体观摩学习培训的途径,幸亏计划生育宣传小组及时来到了村里普及避孕知识。

来宝和赖美丽坐在小板凳上,像看皮影戏那样认真听完宣传干事的讲解,并牢牢地记住了把白气球套在食指上的重要动作。回家的路上他一直竖着食指,像释迦牟尼那样,就连吃饭做事也不让这根指头倒下去。夜里头他就举着这根手指让赖美丽像宣传干事那样套上白气球。他也不再上床就黑灯。他已经不怕赖美丽的牙齿了,因为她常把初秀的手放进嘴里,咬得初秀咯咯笑。有天夜里,他也把食指放进赖美丽的嘴里,赖美丽当了母亲以后变化很大,把所有人都看作婴儿格外呵护,她嘴皮轻轻抿住他的食指,舌头舔了舔指尖,他感觉到她那儿的温暖湿润,痒酥酥的舒服得要死。每天晚上只等初秀在摇篮里睡熟,他就把手指放进赖美丽嘴里，他感觉自己整个身体都被她的温暖湿润包裹起来，直到他不得不拿出手指，套上白气球，像释迦牟尼那样指向天空。

赖美丽的肚子很快又肿了，人们认为那至少怀了六个月，距生育二胎法定时间还差很远。作为一贯遵纪守法的好人，初家选了一个天上浮着白云的好天气带赖美丽去医院做引产。初云、初月和王阳冥拎着住院用品，几个人浩浩荡荡地走在长堤上。赖美丽以为去生孩子，笑嘻嘻的，小个腿短，看起来比谁都走得急。回来后赖美丽摸着瘪下去的肚皮，像条狗一样到处寻找她的儿子

医院里有坏人　有个穿白衣服的人　用一根筷子那么长的针扎进我的肚子　痛死人　我再也不去医院了　他们还把我儿子藏起来了　她在屋里翻箱倒柜，在外面掀草垛子，拆篱笆墙，见人就说穿白衣服的人，还说她认得那个女人，下巴上有颗很大的痣。

这样闹了几个月，她的注意力重新回到初秀身上，慢慢忘了这回事。这时初来宝知道怎么让赖美丽的肚皮再次鼓起来了。他收起食指，将剩下的白气球统统吹起来挂屋子里逗初秀玩，夜里早早关门上床，把食指放进赖美丽的嘴里，他有时也吃赖美丽的手指，赖美丽的手有股咸味——她不怎么洗手。

他摸着赖美丽的肚子，感觉每天有人在往里吹气，吹一口就胀一点，慢慢地变成坟丘的形状。冬天恰好来打掩护，他往她身上套了很多衣服，就像小时候他躲在柜子里干的。他们要让这件事情成为他俩的秘密，把肚子藏起来。但是气球越吹越大，好像马上就要爆炸，根本藏不住，连小孩子都看出来了。

有天午饭后，剪着青年头的妇女主任拎了一斤红枣十个鸡蛋满面春风来看望赖美丽，她慈眉善目言语温柔，像知心大姐一样坐

在椅子上,握着赖美丽的手,不时拍拍她的手背,说了很多赖美丽听不懂的话,比如违法、罚款、指标任务、集体荣誉,她似乎坚信赖美丽是一个顾全大局的女人,只不过一时糊涂,经过一番思想交流,她会深刻意识到自己的错误。妇女主任同时将温柔坚定的目光投向初来宝,让他作为丈夫同样明白这个道理,最后她用一种既是拍板,又是请求的语气要他们支持她的工作

你们准备一下　明天上午　我们安排车来接你去医院　她还亲切地摸了摸初秀的脑袋,夸她乖巧机灵,走时又郑重地握了握赖美丽的手,迈着志在必得的步伐,离开了这个光线幽暗空气混浊的地方。

妇女主任一走,赖美丽便瑟瑟发抖。初来宝往她身上搭了一床棉被,她继续在棉被里发抖,眼珠睃动。晚饭时她正常了,像个饿鬼似的吃饭,咽得直瞪眼,放下筷子便打着饱嗝嬉笑起来,带着窃喜和机灵的神色

他们说明天　我躲过明天就好了　我刚刚已经把明天的饭全部吃进肚子里了　我去山洞里睡觉　过了明天再回来

下午气温已经降到零下,天黑时路上开始结冰。赖美丽像只企鹅,拿着手电筒,裹着棉被进了后山。初来宝眼看着她踩着恩妈过去踩出来的路,一步一步往黑里走去,直到手电光消失在黑暗中。

雪籽像阵雨般落下来。

黑夜喧嚣。寂静。

初来宝听着瓦屋顶上密集迅疾的噼里啪啦声睡着了,半夜被尿胀醒,外面死一样的寂静。打开后门只见满天飞雪,地上全白。

小便在雪地上冲出一个黑洞。

这一夜被窝里没有赖美丽怎么也暖和不起来，脚一直是凉的，他望了一眼暗黑的山林，他想赖美丽没有他肯定也睡不热。于是裹了被子借着雪光去山里找她睡觉。他转了很久没有发现赖美丽。他听了一会儿自己的喘气声。积雪已经深到膝盖，棉花大雪好像要把他就地埋葬。

他想起赖美丽说，她会藏在谁也找不到的方，她做到了，他觉得她真了不起。他从小跟恩妈在这片山里进进出出，他熟悉这儿，就像熟悉赖美丽身体的版图，可她藏得连他也找不到。

明天谁也找不着她　过了明天就好了　他带着赞许的心情离开山林，回家躺下时他听到公鸡打鸣，被窝里空空荡荡冰冷刺骨，他抖个不停。

第二天上午九点钟，雪已经停了，妇女主任从一辆满是雪泥的面包车上下来，依旧春风满面。发现赖美丽不在屋里，她笑眯眯地问来宝，来宝只是摇头。她又笑眯眯地找吴爱香，吴爱香甚至都没有看妇女主任一眼，慢吞吞地从这间房忙到那间房，对儿媳妇的失踪不做没有任何评价，最后要妇女主任去问她奶奶——这时戚念慈已经死了三年了。

赖美丽成功地躲过了　明天　她再也没有回来。人们去山里找她，大雪覆盖下一无所获。三天后雪化了，人们看见她倒在离家几百米远的地方，脑袋冲着家的方向，手伸向前抠进泥里，地上一片红。人们分析她可能是当晚生产发作出了事。

大雪使戚念慈需要花更多的时间才能等到前来跪哭送别的晚辈。不过她一向有耐心,躺在暖和舒适的楠木棺材里面不改色心不跳。

来宝将白手帕重新盖上奶奶的脸,就像他每次看完别的死者一样。然后给奶奶换了香烛,加了松油。

恩妈呀　初冰的哭声与一身风雪同时飘进灵堂,像京戏里哭灵的,扑过去一把抱住了棺木。前头眼泪干了的亲属又陪着哭了一回,看客也跟着抹一回泪——她们就是奔这个来的。

初冰穿着黑色的短羽绒衣服、牛仔裤和雪地靴,趴在棺材上的姿势依旧看得出身材,妖娆比往日成熟。她翘着屁股,没干过农活的手指尖尖的,像鸟爪抓着树枝那样抓着棺沿。她揭开了来宝刚盖上的白手帕,哭得好像要和死者一起睡到棺材里。

人们及时拉起她进行劝慰,她频频点头,从口袋里摸出一包小纸巾,擦泪擤鼻涕,很快止住了悲伤。她正式说话的第一句是　戴为还在箴言中学　等下跟他爸爸一起过来　于是大家都知道了,她的儿子在全市最好的中学读书。

她抹干眼泪,迅速融入亲戚中间——问候,把快活的气氛推上了一个小高潮。其他远近的亲戚基本都在第二天下午赶到。初雪和初玉都是一个人奔丧,少了看点,人们不免略有失望,甚至觉得连这次豪华葬礼都要打点折扣了。但这两个大城市回来的孙女果然也带来与众不同的气息,她们不像其他人穿得鼓鼓囊囊的。尤其是初雪,黑呢大衣灰围巾,光腿配长筒靴,露出一截肉。初玉也是薄袜配靴子,光脖子傲迎风雪。她们捏了捏戚念慈僵硬的手,都没有哭出声音来。

4

吴爱香裹头巾是守寡一年之后的事。有人认为，把头发包起来表示她对男人断了念想，暗示别人不要对她有什么想法，虽然她才三十出头；有人说她那是怀念自己温情的丈夫，因为初安运从城里带给她的那些围巾叠在柜子里，她从来没有好好用过，她不可能无端端系着漂亮的围巾去喂猪锄草给蔬菜泼粪，更不可能戴着那些鲜艳的、带着城里女人特点的东西在厨房做饭，至于收拾得漂漂亮亮，和初安运手拉手去个什么地方，那更是不可能的。

他们甚至都不曾肩并肩走路，偶访亲戚，要么像陌生人一前一后，要么干脆一个先去，一个后来。和大多数人一样，他们要做出让人相信他们是睡在一张床上，从不抚摸亲吻发生肮脏情欲的正人君子，他们是无性别的人。他们没有谈过恋爱，相完亲两人点了头，第二次见面订婚，此后再见两三回，在长辈们目光炯炯的洞察中，连手都没碰过就结了婚，并且验证了戚念慈　婚姻靠的不是爱情而是运气　这句话。吴爱香就是有好运气的人。比起那些结了婚发现丈夫早泄、不举、阴阳人、性无能、性变态、性虐待、抑郁症、脾气暴躁、滥赌爱嫖、好吃懒做的妻子，她的婚姻是前世修来的福分。虽然时间不长，和初安运的那十几年光景，抵得上一百年，她相信这段幸福婚姻足够她咀嚼到掉光牙齿。

这是吴爱香新寡时的恬静自信，她根本不在乎关于初安运的风言风语,虽然她心里会有短暂的刺痛,但往往就在一呼一吸之间吐出去了。戚念慈将拐杖深深扎进泥土的时候,人们看到吴爱香把头埋进两膝一动不动。那时候她也许在想无论初安运去了哪里,他们曾经的幸福就是一块巨石永存。

她那时并不知道,幸福其实是一块方糖,回忆这根温暖的舌头,会将糖一点一点舔食干净,剩下的是更为缓慢的面对空盘子的时光。

她尤其没想到孤枕难眠与情欲搏斗的辛苦漫长。肉欲——那头非理性的猛兽会将人的灵魂撕咬得血淋淋的,白天灵魂恢复原状,晚上再被撕咬,如此反反复复,让人心力交瘁,苦不堪言。

女人们记得吴爱香第一次围裹上头巾的样子,那是一条薄软的带短流苏的橙色方巾,在她头上,像灰烬里燃烧着的不灭的炭火。谁都看得出来,那头巾不是胡乱裹上去的,是对着镜子耐心的结果。她仔细处理过头巾的每道皱褶,像包粽子那样有棱有角,露出耳朵,在脑后系一个小结,手法工整十分讲究。被橙色包裹的精致五官没有遗漏任何蛛丝马迹,看不出有什么欲念驱使。头巾遮盖了半截额头,缩短了她偏长的鹅蛋脸。

人们这才发现她是个好看的女人,是那种自己不知道自己好看,也对好不好看没什么在乎的人。她从没穿过对襟衣,一直是旧式侧襟掐腰,腋下系布扣,素色,与鲜艳的头巾形成巨大的反差,下身永远配长裤,女儿给她买的裙子,她都像当年叠围巾一样收在箱底——她始终是那副与初安运在一起时的打扮,除了头巾。

有人发现她夜里从坟地的方向回来,如果不是想碰鬼,没有人会在夜里去那种地方。她似乎会见过初安运的鬼魂，但凡夜里这么走一遭，白天那双绵羊般温和的眼睛便会更显安宁。

吴爱香裹上头巾后好像变了一个人。有些妇女开始学她的样子，也把头发裹起来，没多久村里的妇女头上都是花红柳绿的。各人裹发的样式不同，有的简单围在头顶，露出半截头发；有的裹好头特意留下一截头巾随风飘摆。人们进一步发现头巾的好处，炒菜隔油烟，干活防尘灰，热气来还可以挡太阳抹汗，谁家建新房上房梁朝地下扔糖果饼干，扯开头巾比谁都接得多。

二十世纪七八十年代，乡村妇女裹头巾的现象，是不是吴爱香发明的已无从考究，但她的确是村里第一个戴头巾的。计划经济体制结束后，新成长的乡村妇女对头巾不屑一顾，她们明白头发是女人的第二张脸，经常结伴去城里洗发烫发做发型，买同款式的衣服穿，私下聊些床上的事情和女人的秘密。老妇人们也早已陆续解下了头巾，有老骨头发硬抬手费劲的缘故，也有时代风气变化的原因，总之，裹头巾是一场自觉自愿自我束缚与自我解放的自娱自乐——她们自然不会同意赋予这一行为更多文化层面上的意义，或许可以理解为乡村妇女趋同的跟风打扮，是她们保求安全不被指指点点的心理表现。即便到今天仍然如此，吃什么，穿什么，用什么都要相同，甚至房屋建筑，也是长得一模一样。

吴爱香是村里最后一个摘下头巾的女人。当她结束喃喃自语的晚年永远地闭上嘴巴，人们第一次看见她稀稀拉拉全白的头发，脑海里还停留着她满头黑发的样子，诧异于她的头发仿佛是一夜间白掉的。

这已是二〇一六年的事情。

她等这一天等了很久。如果允许她从棺材里爬起来做一次发言,让她谈一谈自己这辈子的感受,她一定会说如果没有 肉体 活着是一件十分轻松的差事——她不知道说 情欲 这种词,情欲 是文化人说的,村里人通常说 发骚,对牲口就说 发草 这样的语言过于粗俗,她也说不出口,她只知道说 肉体 这个词就像一个人穿得老老实实,没有可以让人指手画脚的地方。但即便这个世界跟她没关系了,她也难以启齿无数的夜晚,她体内的渴望与冲动。她认为她自己并没有情欲,是她的 肉体 在提醒她,催促她,好像她欠它的,因为它的生活规律被破坏了,而她无视于它的反应,没有采取任何弥补措施。

如果她读过一点关于女性的著作,她会深深赞同 欲望是一颗关于全身性的 化学性的炸弹 并且进一步去理解 女人的自信 解放 自我觉醒 都是通过阴道系统来传达 的观点,只要启动私处那八千根神经末梢制造的快感,欲望就会时时突袭,像狼袭击羊群,措手不及。

那些夜晚黑无一物,戚念慈的酣声像某种警告彻夜不停。吴爱香年轻的肉体张开巨大、饥饿的嘴,吃进黑暗和虚空。起先她渴望的是初安运的抚摸,后来是面目模糊的男性身体,最后脑海里只剩男根——甚至还想到了牲口的东西——她不会讲这些,但她会表达肉体那些绝非来自田野劳作的苦痛,那谁也不在乎谁也不过问谁也不关心的情欲问题。最终让她刻骨铭心的不是失去丈夫的痛苦,而是与肉体饥渴的长久抗争。

上环时医生的判断是对的,那些年与初安运的性事的确相当频繁,天昏地暗,甚至让她觉得堕落羞愧,而她的肉体每每欢欣愉悦。她想收敛,而身体迎合,于是她又为自己的虚伪羞愧——这些她也不好意思讲,尤其是在那么多生前并没有关心过她的生活的亲戚面前,当他们睁大窥视的眼睛,打定主意要装点东西在回家的路上咀嚼时,她要做的便是如何更好地捂住自己的隐私,绝不让他们得逞。她会微笑着像给自己写墓志铭一样告诉他们

　我的运气很好　嫁了一个好男人　虽然他死得太早　但我们有六个听话的仔女　最困难的时候　我还有个好干娘当家做主　冇得她　我们都活不下来

她更不会打开内心封锁了几十年的秘密,破坏人们心目中那个纯洁的寡妇形象。

守寡第八年的秋天,她干了一件连她自己都没料到的事。那一年干旱,少雨虫多,蔬菜被啃得只剩茎叶,稻田里蚁虫一团一团。她有几回进城买杀虫剂。每次经过街角,她总能碰到坐在光线幽暗的杂货铺里的男人发亮的目光,这目光渗进她空空荡荡的心里,照见一个没有家具的房间和苍白的墙壁。整整八年她没有这样直接地对碰男人的眼神,连近在咫尺的男人气味都没闻到过。看到野狗在菜园里交配,她打它们,打断了扫把杆,躲到厨房里流眼泪。做妻子的时候很少挨饿,甚至吃撑,丈夫走后的饥饿使她明白,她是一个欲望强烈的女人,四十岁这年尤其明显。

杂货铺里那双在幽暗中发亮的眼睛带着善意和想跟她搭讪的欲望。有一次,他盯着街面,看见她便站了起来,仿佛就要开口打招呼,她赶紧埋头甩下他,脑海里却印着他高大结实的身板,三十七八岁。她嗅到他公牛般的气息,这气息像百爪鱼一样追上来,缠住了她。逃离这条街,她感到恐惧仍然紧攥她的心并没松开,同时

意识到身体某处湿漉漉的，羞耻感让她呼吸更加困难。

她有一阵没进城买东西，或者有意避开那条街，然而只要想到他，她的身体就湿漉漉的，饥饿与疲惫。

她是在干旱接近尾声的时候去的杂货铺。

那天她裹了一条草绿色的头巾，或许是因为秋风，她裹头巾的方法有所改变，遮住了耳朵和两侧脸颊，在下巴处绕到后脖子打了一个结。她的首要任务是给戚念慈买风湿膏药，后者的小脚预报天气要变，即将转冷下雨。她也攒了很多必买品，让婆婆相信已经到了非买不可的时季，否则萝卜白菜就要错过下种的机会，总之，她出门的理由无懈可击。

这一天她走得比任何一次都快，好像怕什么东西凉了似的。

她去得太早，杂货铺那排竖木板牢牢地挡住店门。去买别的东西时她紧张得要命，不是算错数，就是付了钱忘了拿货。卖菜籽的老板说 你这个堂客怎么丢了魂魄似的 她才知道自己的表现有多么可笑。这使她加快了要做那件事情的速度，仿佛怕自己变卦。

她返回杂货铺，木板还是一块块并排站着，牢牢地守卫后面的领地。她嘭嘭捶响了木板，敲得又急又响，好像发生了火警。她那时候其实满脑子空白，只是机械地完成大脑的旨意 把门敲开

里面男人问 谁

她回答 我

好像两个熟人事先约好的幽会。一扇小门打开了，她甚至没看那男人惊喜的面孔闪身进去，随手关上了小门。

她永远记得那一瞬间，当那不知名的男人压上她的身体，她感

觉自己被一场大火彻底消融吞噬,有时像一场冲进村庄的洪水四处漫延,有时如一片羽毛在轻风中徐徐飞翔。

直到她拾掇好自己离开杂货铺,两个人都没说一句话。他们从来没有说过一句话。那天的街上非常清静,她是后来被脑海里自己捶门的声音吓得胸口怦怦直跳。等到快走到村子里的时候,她仍未平静,一种崭新的、异常的感觉笼罩着她。

这下我的　肉体　可以安静下来了　这应该够我挺几年的
她手里牢牢地攥着该买的东西。

她有一个月没在街上露面,尽量打发孩子去买东买西。

有一天,那个男人找到村子里来了。她正在厨房做饭,从后窗看见他在长堤上缓慢地行走观察,两只手揣在裤兜里,有时看看天,在一棵树下坐上片刻。她不知道他是怎么打听到的,他必定问过很多人,才能知道她住在这一带。她惊得脸上肌肉都颤了起来,那个早上捶响杂货铺的女人只活了片刻早就化成了青烟,她现在是一个纯洁的寡妇。然后她心里也有一丁点被人惦记的欢欣　他来找我　想必也一直在等我

那天很多人注意到了这个陌生男人,他们说他穿着黑皮鞋,一看就是街上来的,好像在找什么东西,不像是要干坏事的人。她那天甚至没在门口露面,躲在屋子里,时不时看他走了没有。他在长堤上来回漫步两趟,他知道只要村里的人看见他,议论他,就等于她看见了他,知道他来找她了。

她依旧没有再去杂货铺。

他只来过这么一次。过了五年,她再次经过杂货铺,看见里面

多了一个女人,还有一个不会走路的孩子。她没有碰到过去那发亮的目光。他正在给他的孩子喂饭,用嘴吹凉食物。妻子很年轻,扎着长长的马尾巴,一身干干净净。他妻子看着她走过,像看街上所有的过客一样。

有段时间她猜测戚念慈怀疑她在城里有情况,再也没有要她买过风湿膏药,当她需要什么的时候,直接给钱让孩子们跑腿,给她们钱的时候她出手更宽松。有时候,吴爱香会猜测,也许戚念慈故意给她自由,她才有那样的机会——没什么能逃得过戚念慈的眼睛,她那对几乎不怎么转动的褐色眼珠子嵌在一堆皱皮中,像某种爬行动物。她说的话越来越少,摇头时松弛的肌肉也跟着一抽一抽,她的威严不但没有随着衰老减退,反而在一种迟缓的行动中显得更加坚定牢固,不可动摇。

吴爱香努力忘记在杂货铺干的那件事——准确地说,是忘记肉体在那件事上的记忆,那时她是被肉体包裹的,它挟裹她,她是肉体的奴隶。然而,忘记不过是另一种欲望,它比没发生之前更具体,更真实,因而更受折磨。它打开了另一条感觉通道,那通道离她那么近,不过是五里路的距离。但她被困在一个地方,在与戚念慈气喘声相闻的夜晚,她甚至害怕夜里做与那男人有关的梦。

她不知道是什么在压迫自己,不知道她为什么不敢搬出戚念慈的房间,不知道为什么不敢再找一个男人——在她的意识里,她似乎是赞同戚念慈的,照戚念慈这个模版活才是对的——是她自己协助婆婆牢牢地控制着她自己的肉体——因为她从来没有想过自己。

她将两手揣在腰围兜口袋里,站在阶基上望向田野,算作休憩。此后半辈子,她没有再和任何男人一起使用自己的肉体。她也越来越感觉不到它,它在变得淡薄与微弱,最终气若游丝,这时候她被头巾裹住的头发已经花白。

有人认为婆媳情深,戚念慈一死,她失去了精神支柱,整个人垮掉了;有人说是过于兴奋的刺激导致神经错乱,每天低着头认真地剪纸片,其他什么都不管。赖美丽出事的时候,吴爱香已经不识得人了。她只淡淡地看了一眼赖美丽,接着剪手里的纸片,嘴里喃喃自语,偶尔听得清一些句子 莫到街上去 莫去敲杂货铺子的门 她拿着扫把屋前屋后扫了又扫。

她时常拉着初秀,问她是谁家的孩子,初秀总是回答她是爸爸妈妈的孩子,她便做出恍然大悟的样子。电视机成天开着,睡觉也不停。她有时候接听电话,有时铃声响她就用被子蒙住头。大家都知道,戚念慈死后不久,吴爱香第一件事就是要去医院取环 我也搞不得蛮久了 到底还是不想做了鬼还带着那个东西 无论如何要取出来

那天,初云初月初冰一行四人,收拾得干净整洁踏上去医院的长堤,就当是陪母亲做一次春游。

天空万里无云。河边垂柳像雨帘微微漾动。燕子掠过水面。吴爱香裹着浅蓝色头巾,一身藏青襟短衣,双手背在后面,露出罕有的笑容,一路喃喃自语,自问自答。

还是那个鸡埘似的医院,老梧桐被砍了,空地方盖了一栋五层高的医务楼。医务室的日光灯照着雪白的墙壁,像太平间。那个曾经跟吴爱香谈性生活的男医生不见了,替代他的是一个脖颈尚无皱纹的女医生,态度亲切,因为她的母亲也戴过钢圈,只是掉了

都不知道，意外怀了她

可以说这是一场医疗事故　我妈后来吃草药也没能把我打下来　她说这些时自己哈哈大笑，并且在这种轻松愉快的气氛中完成了会诊　上环后什么情况都有可能发生　所以要定期来医院检查　女医生一边开B超检查单，一边悠悠地说　上回有个患者子宫穿孔　从我们这儿转到大医院去了

你查过环吗　初云问初冰

没有　我在市医院上的环　做得很好　医生是我干娘的表妹

有亲戚在医院　怎么还真戴那东西　我们村支书的儿媳妇连结扎都是假的

村支书的儿媳妇为什么可以假结扎哩　初月问了一句

这就是村支书的能耐　初云回答　谁不想躲过这一刀呢

我倒是无所谓的　初月说　也没多疼啊

你可别这么说　初冰打断她　初玉听到会骂人的　她肯定要跟你讲一通身体啊权利啊什么的　想一想　我觉得她说得也对　可我们没办法　对吧

女人长了个子宫　这没什么好说的　我现在只想阎燕、初秀她们不必像我们一样　初云挽起母亲的手臂，打算带她去做B超检查。母亲正盯着墙壁上的彩色图画。

那是什么东西　初云问道。

图画看上去像一个动物脑袋，耳朵横向张开，仿佛正张嘴大笑。

长在你们身体里的　女医生回答　也是女人最麻烦的部分

是肺　初月说

是胃　初冰说

是子宫　女医生依然很亲切,她站到画前,和风细雨地讲解起来　看　这个是子宫口　这一段是子宫颈　这是卵巢　这是输卵管　这一块空地　就是子宫　胎儿在这里发育　也是放节育环的地方

母女四人凑到一块,像一群听到异响的鸡,伸长脖子静止不动,似乎在思考应对措施。

那东西　原来这个样子的啊　初冰摸着小腹,呼出一口气来

像朵喇叭花　初月对花有研究　也像鸡冠子花

初云没说话,她没法想象那是她身体里的东西,孩子是从这一丁点地方长大的。她的视线停在　输卵管　的位置,思绪万千。

这个　输卵管切断以后　卵子会到哪儿去　初月问出了初云心里的问题

卵子遇不到精子的话,过两三天就会衰亡、溶解,被组织吸收　医生回答

女人们似懂非懂,慢慢走出医务室,好像感觉身体里堆满了卵子的尸体,脚步滞重。

吴爱香的环因为长进肉里,医生建议保留,否则要开膛破肚,风险很大。女儿们骗她那个钢圈已经不在她的身体里,也许掉到什么地方去了,总之一切正常。此后,找环就成了吴爱香生活中一件重要的事情。有时候半夜醒来满屋子翻,有时在初秀身上扒来扒去　你看见我的环了吗　她就这样找了一些年,直到有一回在床底下找到一个银光闪闪的钢圈——那是初冰从五金铺买的——她高兴得呀呀直叫。她死在油菜花还没有凋谢,蜜蜂嗡嗡鼓震的

春天。她的葬礼比戚念慈的更令人印象深刻。出殡那天披麻戴孝的队伍涂白长堤与田野。铳响、鼓乐、鞭炮、烟雾笼天,杂花野草纷纷伏地,蠕动了整整一个小时才到达墓地。

5

初云常回娘家走动。久而久之,人们对她婆婆的事情了如指掌,就像她亲口说的一样。她最喜欢兜售儿子善良的美德,他看到荒野里的一根电线杆都会替它感到寂寞。好像这个美德足以抵消无能、懒惰、自私、不思进取的所有缺点,贫穷苦熬的生活也因此比别人的贫穷要甜蜜美好。她正是抱着这样的想法,时时将这盘美德制造的生活点心端到初云面前,请她仔细地品尝,并搭配个人经历的佐料

想想我们这一辈　上山下乡　自然灾害　十年动乱　你们到哪儿找这么好过的日子自己有田有地当家做主　不短吃缺穿少用　又是改革开放　又是市场经济　社会平安无事　你们这一代　只要手脚勤快一点　什么都有来的

她身上已经完全看不出一点城里人的影子。了解她家世的人,知道她有文化的父母双双意外死亡,于是她恐惧城市生活,她从没打算返城,连真正的农民都没有像她这样热爱土地,喜欢赤脚走在田埂上的。没想到儿子偏偏长成读书人的样子,这让她左右为难。

人们开玩笑说,阉真清的外公外婆都是拿笔杆子的,他那些阉鸡工具也是笔杆子,只不过他外公外婆写字,他画鸡公蛋,并且他阉鸡从没出过什么事故,不像写字那样有生命危险。

可惜的是,时代发展社会进步,阉鸡这门手艺居然不中用了,冷清得连个看客都没有。早些年不管在哪儿阉鸡,周围都会蹲几个神情严肃的小娃娃无比崇敬地注视着他的一举一动,阉完鸡洗净手,一杯热气腾腾的芝麻豆子姜丝茶递到手中,更别说许配女儿攀结亲家的好事。

他结婚前惯常怎么做的,结婚后也怎么做。比如阉鸡回来,先将钞票塞给母亲,讲讲这一遭的见闻,阉了多少鸡,东家如何客气,先叙上个把钟头才回到自己的房间,只不过此时的房间里多了初云,一个不咸不淡的女人,给他带来不咸不淡的生活。后来有了一个女儿,再后来又多了一个儿子,他都没怎么抱他们,他们就会走路了,会下田挖泥鳅了,他女人的胯骨那儿也宽得摸不着边际了。正如他的媒婆表亲说的那样,初云是个会生养的女人,如果政策允许,她也能像她母亲那样一口气生六七个。

阉真清怕养那么多孩子,因此发自内心地感谢贴心好政策,只是在结扎问题上产生了口角。阉真清手臂只能拎鸡,初云是家里主要劳动力,她觉得如果她去结扎,体质弱下来,农活怎么办?阉真清听她的意思是要他去结扎,眼睛都惊圆了

　　我这辈子阉来阉去　最后闹到自己倒被阉了　这不是存心让人看笑话吗

　　阉真清的母亲更是一把拦在前面　初云啊　你无病无痛健健康康　哪能让男人去结扎　男人又不能生孩子　他们都说了　术

后休息十天半个月　对生活没有任何影响　那么多女人结扎了还不是挑得扛得　什么事也没有

　　初云原本只是担心农活问题表达一下忧虑,况且的确找不出有几个女人愿意让自己的男人去结扎的,她也认为自己的男人被阉了,说出去不好听,做妻子的会抬不起头来。但她没有吭声,阎真清母子的态度让她心里不舒服,她仔细地看自己的一双睡熟的儿女,理解了那个同为母亲的女人。

　　初云经常在隔壁听到阎真清和母亲聊天的声音时高时低,她知道他还带了些什么东西放在他妈那边,他不在的时候,她可以过去跟她妈边吃边聊天,增加婆媳感情。她从没去过。她觉得那些钱和食物本该放在她这边,由她送过去给母亲更合情理,那样她才会有妻子的尊严。她不愿去乞食。她知道在他们母子之间,就算她是块刀片也不可能穿插进去。她还从没见过亲密无间到这步田地的母子关系,甚至婚姻,对阎真清来说都像是这棵阎氏家族树上无关紧要的枝丫。她有时瞎想,他们是不是有什么见不得人的关系,她知道世界上发生过这种事情。即便有什么,她也不会嫉妒,他本来就是她娘身上掉下来的嘛。当然她明白自己只是胡思乱想,阎真清就像来宝当年受宠爱一样,这是乡下女孩不可能从父母那儿得到的东西,乡下人养狗都重公的轻母的,称母狗为草狗并嗤之以鼻的。

　　她不知道什么时候开始闻到他身上有股打湿了的鸡毛味,就像经常剖鱼的,不管怎么洗,身上总有鱼腥气。她有一次说了出来。如果她知道阎真清是那样的反应,她永远不会说出他身上有鸡毛味的事实,甚至不去谈论任何与鸡有关的事情。也正是那一次,她发现阎真清孤傲的外表不过是为了掩饰内心的自卑。

王阳冥他不过是一个抹尸发鬼财的黑矬子　走了狗屎运　人们都是碰哒鬼　去相信他胡说八道　被王阳冥的风生水起盖下去,戚念慈在孙女婿之间一碗水不端平偏得厉害之后,阎真清常常咬着腮帮骨一言不发,也很少去初家露脸,去了也是吃餐饭就走了,也不管大家怎么想。现在,他头一遭像鬣狗那样露出粉红的牙龈。

你现在是要跟别人一起挖苦我　看不起我　你有本事为什么当初不去找一个身上没鸡屎味的　你现在也可以去找　捡好你的东西　我一秒钟都不会拦你　他还说了很多难听的话,甚至提到她在床上的样子,像个死人一样,屁股都懒得扭两下,有时还嗑瓜子　我都没说你什么　你倒是来找茬了

她静静地听着各种污言秽语,让他说了个够,直到声音渐渐疲软最后委屈地哭了起来,仿佛因为她不还击,导致他失去游戏的乐趣,大人和小孩一样,这时候都是等着奶嘴的慰藉。

初云没理他,像她母亲一样从不顶撞丈夫,她拿把锄头去园里松土栽菜。当她看见婆婆也拿着锄头过来,她知道她在墙那边听得清清楚楚,他们的生活都在她的耳朵里,只要她留意,不会漏掉任何精彩的细节。这个老知青的文化水平似乎全部用在耍奸使滑上,她说要勤俭持家,蔬菜摘下黄叶留着吃,好的拿去卖,她自己就是这么过来的,初云必须继承这一传统。她的钱袋子只进不出。

人们认为这些年老婆子攒了不少钱。也许是预料到某种危机,她来到初云身边,随着锄头的节奏淡淡地说起她过去怎么和她的丈夫相处,是怎么做女人当妻子的,舌头和牙齿磕磕碰碰,夫妻

不存隔夜仇。

　　我就这么一个儿子　我死了　还不是连片瓦都是你们的　她提到了她的积蓄，数字有点惊人　你要替我保密　清伢子都不晓得的

　　初云悄悄瞥她那张满是闪电沟壑的脸，试图将她还原为一个城里略懂皮肤保养的老太太，一个绝不卖掉青菜叶自己吃黄叶懂得生活的女人，但那个惊人的数字干扰了她。她做出一副认真倾听的样子，心里却在盘算那笔钱可以干些什么。她这辈子没有听过那么多钱，想也没想过，像在屋子后面挖出了钱袋，忽然间就发了财。

　　凉爽的风飘过菜畦，青草和腐叶的味道同时进入她的鼻孔，她在这片土地上的劳作终究不是那么无望，如果拿点钱出来，她的孩子们有机会离开乡间进风漏雨的破教室，去红旗高高飘扬的镇学校读书，上重点高中，考大学。她因此将锄头挖进土里，直起腰来对婆婆表达了这样的意思，虽然她知道后者一贯对读书学知识有仇，认为文化知识是惹祸上身的东西，对个人并没有好处，她脑子里有时候像被什么东西抽打过，时不时现出些伤痕来，像闪电那样使人惊悚。

　　她说完立刻后悔跟婆婆讨论这些问题，她很少这么冲动迅速说出内心的想法，阎真清总说她凡事慢半拍像瘟猪不吃食，貌似脾性好，实际上犟得咬狗卵。对于将牲口和她扯到一起他很在行，或者说牲口和妻子是他最了解的两类物种，因此他能轻而易举地找到修辞关联，在她和牲口之间搭上一条无形的线。

　　她婆婆有些突如其来的情绪，比如扔了锄头离开菜地　我现

在还有死呢　这就要急着将我的口袋翻个底朝天　活活地啃起我的骨头来了

阎真清听到动静就去了母亲的房间,门虚掩着,他安慰的言语有一阵没一阵像酱菜坛子冒水泡。

初云觉得此刻自己就是荒野的电线杆子,却没人替她感到寂寞,如果不是电线杆太多,便是有善良美德的人太少,杵了那么多年,竟没有一个人来瞟一眼她的孤单。

她继续松土,没有避开蚯蚓,直接将它锄成两截。这条一九九八年的蚯蚓也许当时死了,也许再生后又活了些年头。

第二年,婆婆的生命开始松动,先是糖尿病,后来肾不行,接着整个身体系统运转失常,零部件相继坏掉,从开始到入土,前后不过一年时间,她始终没再提起她的积蓄,那个惊人的数字像她腐烂的器官般失去了意义。

大约隔了两年,初云才知道婆婆的积蓄秘密移交给了儿子,阎真清有次喝高兴了说漏了嘴,但数目减了一半,不知道母子俩谁在撒谎。但这时初云已经不觉得那笔钱有多么惊人,因为这两年她在县城找了份工作,很容易攒出那个数目,那笔钱只能震惊一个挣不到一分现金、有个铁公鸡婆婆、且丈夫无能没有任何经济来源的家庭妇女。

那时阎燕已经读专科,阎鹰在学厨艺,她从家务琐事中挣脱出来,进城做家政服务谋生。最终一家小公司请她专门给雇员做饭,雇员们喜欢吃她做的饭菜,公司和她签了两年合同,还包五险一金。可她一走田地荒了,阎真清也慌了。

他母亲的积蓄他喝酒喝掉了,抽烟抽掉了,偶尔带着那套阉鸡的工具去更偏僻的地方,运气好的话能阉出半碗鸡公蛋,混上一顿午饭,得几张干不了正事的钞票。四五十岁的人了,眼力不如从前,手脚也不那么麻利,最后一次阉坏了别人的鸡,他知道他再也干不了这个,将这套东西连同破锅烂铁卖给了收废品的。这时候他才真正感到自己两手空空,像一个身怀绝技的武林高手武功全废,连普通人都不如。他甚至没有把妻子留在家中的能力——他那从酒精中散发出来的低落情绪令他痛苦万分,也找不到那副孤傲的面具来掩饰心里的自卑,他似乎才真正地认清自己什么也不是。

当初云从城里带回钱财用品,他感到生活不过在以另一种面貌继续,没他什么事。他也不问初云在城里干什么,煮饭做卫生带孩子她在行,死人一样屁股都不扭两下也是她的强项。他心里忍不住要挖苦她几句,也许是嫉妒她那么轻易地就适应了外面的生活,嫉妒她把从城里带回来的战利品交给他时的那种愉快神情。他如果以替荒野的电线杆子都感到寂寞的良善美德对她稍加温存,她下次可能会带回更多物品更愉快。他一面需要她的劳动付出,一面又觉得这些深深地刺激了他的人格与尊严,如果不把她对家庭的贡献理解成一个奴隶对主子的顺服效忠,他简直难以平心静气地忍受下去。

有一天他去城里看她,因为她已经两个月没回家,他手上也没什么钱了,他会跟她说村里有几家人办喜事,阎家要去上人情簿,每家两百总共恐怕得小一千块,他还会骂他娘的这么多事情偏偏赶到一起,一下子拿出这么多钱,也不知道什么时候收得回来。他这时的背已经有点弯弓了,过去钩下头阉鸡时留下的毛病,年纪越大越明显,这个使他看起来像个老人。

他是在过马路的时候被一辆宝马轿车撞翻的。说起来那还是他的责任,在这么宽的街道上躲避汽车对他来说有点难度,因此避开这辆便撞上了那辆。车主马上下来,一边道歉一边问要不要紧,他赶时间开会,如果可以的话,他车里有一万现金,请他拿去,自己到医院处理下伤口,他还留下了手机号码,说有问题随时找他,他会负责到底。

阎真清跌倒没起来,腿上流血,他脑子因受车祸和一万块的惊吓撞击,像地震一样各种板块挪动错位拼接,一团混乱,仍是不由自主地点了点头,呆呆地看着宝马车开离视线。他想迅速爬起来,仿佛怕车主反悔,但试了几次才成功站稳,感觉左腿痛得厉害——他知道那是肌肉的痛法,没伤到骨头,地上那摊血仿佛在证明他伤势严重。

他把钱揣到贴肉的口袋里,拧着眉头表情夸张地瘸着腿从围观的人群中一步步跋涉出来,那种艰难缓慢的脚步完全是由于心脏激动的嘭嘭重击导致的——今天早上出门前他预想的只是小一千,现实却是大一万,超出心理负荷,他可以控制面部肌肉,但很难把握心脏节奏。

医院检查结果和他的自我诊断一样没有大问题,消毒包扎时,他腿上疼心里乐,几乎要笑出声来。回家时买了些槟榔烟酒,瘸着腿把初云忘得一干二净。进村见人就发槟榔,那是店主给他推荐的最好的槟榔,卤水不伤口,嚼起来不易碎渣——他平时不吃这东西,纯粹是高兴得不知道怎么办,一路嚼了回来。

很难确切分辨他的亢奋是因为一万块钱的刺激还是槟榔的药

性,脸上像喝了酒了一样发红,连眼睛也像酒精浸泡过。孤傲的光辉重新回到他的脸上。他突然觉得今天晚上不想一个人睡觉,他知道哪根荒野里的母电线杆子和他曾经互相替对方感到寂寞。这没什么难的。他给了她几张百块子,说他本想在城里给她买件衣服,但苦于对她的尺寸一无所知 今晚我特别想好好地量一量你

那根母电线杆子说她也不知道他的尺寸,连她丈夫的尺寸也记不得了,那死鬼在深圳的建筑工地日搞夜搞,只怕要到过年才能回来搞她。当晚两根电线杆子电线交缠电火闪闪夜晚就这么不孤单了。

一来二去,总有些门窗不够牢固泄漏光线,走漏风声 他那是拿自己老婆辛辛苦苦挣的钱乱搞 初云也是碰哒鬼 最刺激阎真清的便是这种昧着良心的人嚼一些伤他尊严的舌头,他正是听了这样的 卵弹琴 觉得有必要堵一下他们的嘴。于是他说出那次街上遭遇的车祸,搭帮祖宗菩萨坐得高捡了条命,差点断腿变残废,车主怕担大责任丢一坨钱私了跑了。所以这钱是真正的血汗钱,他流了几碗血换来的。自然,他也不承认那些电光闪闪的夜晚,他从她家后门溜进去,或者她从他家后门溜出来,狗汪汪吠叫时的惊心动魄。但是大家很早就替初云叫苦,嫁给一个寸事不做的男人,钱不赚一分背地里搞起亲家母来[26],路见不平拔刀相助的比飞鸽传信还快,初云还没回村,消息就传到她耳朵里去了。

她也没有立即赶回来分个青红皂白,还是平日里慢半拍的性子,等到她认为该回来的时候回来了。很多耳朵侧着倾听她家里传出来的声响,没有摔罐子敲桌子砸碗盆的交响乐,也没有男女高音二重唱,屋子里虚空的地方都塞满了寂静。

人们后来看到初云在园子里撒播菜籽,和阎真清说了几句话,大意是要他早晚浇些清水,不然到时候不发芽,就得去别人的园子里扯蔬菜吃。有眼尖的人看到她某天早晨进了那根母电线杆子的家门,在里面待了四五分钟后平平常常地离开了。

人们注意到这时的初云连脖子都干干净净的,好像原先积了一层垢进城后全部洗掉了　皮鞋子擦得雪亮的　　烫了个满发　穿得洋气不过了*27　于是反过来对初云又有些猜疑　莫不是两公婆都在外边各搞各的　扯个平手　所以不吵不闹　这一假设获得大家的高度赞同,人们心中的疑惑因此也得到了解释。只有卧室里的灯泡闭眼睡觉之后听到黑暗中初云的话

毛堂客的男人在建筑工地做事　有的是力气　打起人来也是有得轻重　不管死活的　我怕你吃亏　前几天找毛堂客说了　请她帮忙担待点　莫搞出吗子乱子来　到时有得办法收拾

阎真清进城是经过深思熟虑的。其中某个晚上比较关键。那晚他坐在自家阶基上,手里打火机火苗一明一灭,眼睛望着进城的方向,表情若有所思。他头顶是半边月亮,满天星星,夜幕就像一块被扎穿了很多小洞的布,光从小洞里透出来就成了星星。他一直想到后半夜,感觉自己的心里也被扎出很多小洞,有些光亮透出来。他跟那根母电线杆子各自杵在自己的地盘上不再电光闪闪,他固然害怕那个四肢无比发达的建筑工人,但多半因为他心思不在这些事情上面,城里遍地是黄金,有些人车里的钱像餐巾纸一样,有些人把百块子当零钞,而他还常犹豫着要不要打散一张百块子因为一打散很快就花掉了。人们都在高档餐馆换口味尝新鲜,

而他只是今天吃这个腌菜明天吃那个泡菜,顶多将辣椒炒肉换成肉炒辣椒。人们一有空,就成群结队地出去旅游,而他却窝在这到处是烂泥巴的地方,靠醉酒等着自己的女人口袋里掏几个钱出来喂养他。他越想越觉得不应该是这样的,他阉鸡阉得那么好,脑壳手指头都那么灵泛,就算是忠于手艺,过于热爱阉鸡事业,也不应该与这个抛弃他的时代为仇 连她这种呆里呆气的榆木脑壳都能在城里头搞得活泛野哒 我也冇得吗子难搞的

他第一次想得那么透彻,忽然间觉得自己还很年轻,可惜母亲死了,没人可以分享这具有特殊意义的夜晚与心情——他要进城搞点名堂出来。那天晚上他没怎么睡,不时想起什么,就爬起来做些准备。天亮前他终于睡熟了,做了一个简短的梦,梦见母亲给他买了一件新衣服,竟然和戚念慈的寿衣一模一样。他就此醒来,睁着眼睛琢磨了一会儿,觉得与财运有关,最后认为这个梦表达的意思是母亲不喜欢他去城里,因为城里对她来说就是一个死亡的陷阱。但他不这么认为,自打他轻易得到手一万块之后,他就改变了对城市的态度——虽然现在是二十一世纪了,社会变得他都不认得了——他这番进城就是要去摸摸它的屁股,踩踩它的尾巴,和它打打闹闹熟悉起来的。

他沉静了几天,头发乱草般东倒西歪,找出二十多年前的旧衣服,屁股和膝盖磨得放光透亮马上就要破裂的劳动裤,被脚指头顶穿了的胶底布鞋,背了个烂布袋,塞进一天的水和干粮,收拾妥当后,在初云常用的那块巴掌大的布满苍蝇屎斑的镜子前照了照,只见一个两眼放光的老头舔着嘴皮朝他狞笑 嗯 就这样子 一把老骨头的样子 碰哪里哪里碎 他锁好门,走上了通往外面世界

的大路,他第一次仔细打量周围,发现小河似的沟渠窄得只有尺把宽了,荷塘已变成了水坑,地球在大口大口地吃掉他过去熟悉的记忆 等到塘坑被垃圾填平了 我也死了 他也觉得地球不禁踩,地面比原来塌陷了很多 我肯定看不到地球被踩穿的那一天 他对此并不遗憾。

九点钟的时候,他面对城市主干道快速行驶的汽车,站在人行道上,就像一个从历史穿越过来的人物。不久他来到了上次出事的地方,这里人多车乱,车速很慢。他看准一辆放光放亮的豪华车,忽然从车前横过,膝盖碰到车头跌倒在地,人们围上来,只见他裤腿被刮破,膝盖一道鲜红的血痕。他颤颤巍巍的仿佛惊吓过度,一句话也说不出来,其实在紧张地观察事态进展以便见机行事

只要司机丢一千块钱 多的不想

越来越多的腿围在四周,他做出呼吸困难茫然无助的样子。人们谴责车主,在主持公道的围观者的帮助下,他得到两千块钱的赔偿。有人要领他去医院看看,他一声不吭相当执拗地拒绝了,带着满怀沉痛的背影消失在大家的视野中。他转到另一个片区,在一个算不上公园的僻静处歇了会儿,吃了些干粮,决定再上街碰碰运气。这一次遇到的车主是个文着黑眼圈的中年妇女,当他坐在车轮前露出鲜红的膝盖做出疼痛的样子,那女人突然拿出纸巾狠狠地擦掉膝盖的血痕,他完好的皮肤顿时暴露在外,他赶紧爬起来一阵风似的跑了。

回家的路上刮起了风,天色忽然变得黯淡,毛毛细雨没声没息地飘到身上,不多时头发衣服都已湿润,但不至于像落汤鸡一样狼狈 原来还有别的人也在这么干 所以司机们也学精了 看来不

真的流出血来 他们是不会满怀同情地将钞票放你怀里的 他们也是欺负我一个人随便打发了 下次我要穿好点,装作打电话叫儿子过来 他们撞伤了别人的老爹 儿子是要加筹码 到时付的赔偿会更多 他总结经验时表情冷静得像一块麻石 诈骗毕竟是不道德的 我流点血 他们赔点钱 这样才合情合理 他再次肯定了这条路选得没错,先前干阉鸡的行当他没怎么跟鸡聊天,现在他也不用跟任何人说话,如果赔偿达到心理要求,他只需挪开身体让车开走,否则就用腿绊住车轮。他在家花了点时间消化这一趟,有好一阵子没再上街。

6

结婚五六年之后,初冰突然意识到她曾经见过一个挂单拐的人到村里照相,就是这个人多年之后成了她的丈夫,因此她跟丈夫的缘分同样要往前推算很多年的。她那时还小,对照相之类的事情没有兴趣,倒是对那个用一条腿和拐杖走路的男人有些怜悯。

看来我是老早就对他动了心呢

当她沉浸于这桩美妙婚姻当中,不免要制造出一些浪漫来,将过去那些扯得上关系的事物一律描上浪漫的金线,时不时要拷问一下他有没有和女人们发生什么故事。她记得那些打扮后的女人们一站到摄影师面前,身体和笑容立刻僵硬起来,也许是故意不配合,这样一来,摄影师便得板着脸非常严肃地接近她们,挪一挪胳膊,扳一扳身体,调一调腰侧,握住某一个的手让她托着下巴做出深思的样子模仿电影明星。

八十年代普通男女肌肤接触会像电焊一样灼人,他却能借着照相之名,堂而皇之地将女性的身体摆来弄去。照片冲洗好各人自己去他店里拿,这样便有了单独接触的机会。他又一贯大方,还会免费给一些他认为拍得好的照片放大,别人一欢喜就会花钱买相框装裱,以便若干年后给子孙讲故事。她并不真的吃什么醋,她说出这些东西,无非是和他打情骂俏的另一种方式,她很会制造情趣,她知道她有这方面的天赋。

镇里毛片刚兴起时她就看了,少数招式她无师自通已经用过,更多的姿势令她瞠目结舌,她活学活用,让独腿丈夫备感欢愉。至于性感内衣和小道具自然不在话下——她的丈夫喜欢双手枕头,看着她在他身上胡来。

她从来不用担心丈夫质疑她在他身上的放纵。换了另一个男人,恐怕会对妻子淫荡的性事风格与作风不正派的坏女人联系起来,正如阎真清会对初云在床上屁股都不会扭两下感到不满一样,所谓夫妻配对,就是配对了,配对了配错了靠的不是爱情而是运气,戚念慈早就说过这样的话。所以这样配对了的男女,就像吃了迷药一样,是怎么也打不散的,即便有的女人白天挨一顿揍哭了,晚上再挨一顿操就好了,在挨揍和挨操之间循环往复,就是离不了这个男人。事实上初冰在毛片中学会的远不止姿势动作和各种花样项目,她还懂得了怎么样轻声叫唤呻吟推波助澜,有时过于忘我,会招来邻居老太太关切的慰问,夜里头发生了什么事情哭得那么伤心?

九十年代初期，一个诗人的名字红透中国，年轻人用他的诗谈情说爱；东德和西德完成了统一；伊拉克入侵科威特；华人拿下了世界围棋冠军；第一家麦当劳在深圳开业；上海证券交易所成立；东欧社会主义国家发生剧变……这些电视机里的事情跟初冰的生活毫无关系，夜里充分愉悦的劳动使她面色红润精神饱满，白天接送戴为上幼儿园，摘些野花插在花瓶里，和丈夫一起处理照相馆的琐事。饭菜多半是丈夫做的。他当兵本来在后勤部队，懂得切土豆丝做红烧肉，能在三十分钟内让饭菜上桌。只是复员后他不敢杀鸡剖鱼剁肉，荤也不吃了。刚复员那阵，他的耳朵里面总像有苍蝇飞，听力越来越差，好长时间没想过结婚这回事，父母对他的古怪也无能为力。

他选择照相，也是因为从镜头框里看过去生活就像电影，这样他可以与它拉开距离，并且有些事情不像真实的那么残酷。她知道他的智商丝毫没有受损，他有生意头脑，懂得怎么挣别人的钱而且还让人觉得愉快。他说那时候乡下愿意照相的人很少，没有谁让这种不切实际的花销弄得嘴里好些天吃不上猪肉，所以他后来不再下乡了，整天在自己的照相馆等着，或根本无所谓有没有顾客。

在镇里他有些固定的客户，毕业的、结婚的、孩子满月的，还有全家福、集体照等等，初冰嫁进来后，照相馆的生意明显兴隆。人们的钱袋子鼓起来了，开始有闲钱花在吃穿以外的事情上。照片尺寸越洗越大，镀金的高档相框十分抢手。但这样的好光景不长，人们有了自己的傻瓜相机，不久又有了数码相机，甚至摄像机，眼看就到了关门闭馆的地步。

有天晚上,他们关了电视在床上活动完毕,她说起电视剧里的那场感人的婚礼,她想看看自己穿婚纱的样子。他拉亮台灯 我想把照相馆改做婚纱摄影 他看着她,与其说是征求她的意见,不如说是等待她的赞赏。他早就想改变照相馆半死不活的现状,她的话激发了他的灵感。

那是二〇〇〇年春天,新世纪的开端,他们的婚纱摄影开业了。店面翻饰一新,她穿上雪白的婚纱站在橱窗里,挺胸媚笑,眼睛弯弯的,像个真正的新娘。他给她拍了很多婚纱照片,他们也拍了婚纱合影,这些都放到橱窗作为吸引顾客的广告。婚纱影楼为年轻人留下了美好的回忆,多少年后人们都要说起它,说起那个独腿的摄影师,尤其是他的妻子,那个妖媚的小个子女人,她居然学会了审美、统筹事务、打理服装、给顾客化妆;学会了电脑修图设计,甚至还学会了布景、打光、摄影,有人还说她悄悄给准新娘传授房中术,教她们怎么让自己的男人身心舒畅。大家都知道那个妖媚的小个子女人一向懂得生活,那些女人之间涉及荤素的私下闲聊也不足为怪,准新娘的初夜早就不会留到洞房花烛夜了。这是二十一世纪初,一个时代有一个时代的道德标准,年轻人已经试婚和同居,这时的人们已经远比过去宽容,谁能想到此后十五年,姑娘们要是不怀上身孕都没资格谈婚论嫁,肚子不鼓起来男方根本不会收进门来呢。而世俗社会赐给寡妇的贞操带也早被扔进垃圾堆,人生不离个婚都算不得完整。这时的人忽然间都很开明 过去社会是过去的样子 现在社会是现在的样子 他们紧跟社会形势走,忘了社会是人创造的。

镇子古老，几百年的历史，临兰溪河，名兰溪镇。在戚念慈的青春时代，它是青石板街道木头建筑。窗格子古色古香，到吴爱香这儿还是一样，杂货铺大门用竖木板一块一块镶拼，很多年后才换成卷闸门；到了初冰他们这一代，木建筑逐渐被钢筋水泥替代，瓷砖外墙和玻璃窗与现代接轨，多半街道变成柏油路，拉货的面包车赶走了牛车和手推板车，船码头破败废弃长满杂草，最后一艘乌篷船烂在河边。到戴为混迹江湖，仅剩的重要古迹——几百年的古桥被拆毁新建。这时已是二〇〇八年，镇上所有的木楼全部消失，爱美的地方官员花了很多钱，将临河的建筑弄成徽派的白墙黑瓦，提炼文化特色，又在桥侧挖掉古树林，腾出空地铺上石砖，供老百姓跳广场舞，哄乐了中老年妇女。也正是这时候，戴新月的婚纱摄影成为镇上最醒目的地标　新月影楼　石膏模特在落地玻璃墙内搔首弄姿，穿着婚纱礼服，西式洁白中式红艳，人在桥上一目了然。什么时候女店主给顾客化妆，女店主去采购，男店主给模特换婚纱，男店主在门口挥手送别顾客，手上金表光芒闪闪——那是他妻子在广州买的——桥上的闲人看得一清二楚。人们知道他攒了不少钱，没时间花，守着影楼从没离开过。

　　街上传出戴新月与一名少女性交未遂的事情，有人说这不过是他其中失败的一例。他趁拍写真照之便得手的少女，能说得上来龙去脉的也有五六个。不知道戴新月是什么时候发展处女癖好的。也许是他拓展出拍写真照的新业务之后，那些年轻女孩的迷人气味迷惑了他。她们对一个中年男人来说，像罂粟花，又美又危险，唤醒了他体内沉睡的毒瘾。这时候的处女日趋低龄化，乡下姑娘要从十六七岁以前的找，城里的更年轻些，连初中生都在公共场所搂抱接吻了。也许他有一种天赋才能,通过他独有的望闻问切——直觉、气味、语言、观察——就能分辨出有经验的和没经验的,并进一步判断能否得手。他安静的眼神和沉默寡言的嘴是复杂心理活动的外饰,就像大门上的那对门环。

人们说,有的邪念往往是从那些家庭美满的脑子里生出来的,有点像酒足饭饱思淫欲,总会需要些隐秘刺激,搅拌进美好生活。而家庭不幸的人恰恰相反,他们要寻找的是温暖慰藉和心心相印,忙着稀释心中的苦。有部电影讲美国一个中产家庭的妻子日子过得太好了,好得让她想做点什么来打破这种好,于是她隐藏身份去了一个幽暗的地方做起了按摩女郎。戴新月大约就是属于这一类型的,干那些出格的事,寻找自我,但并不想改变生活。人们并不能从他的脸上看出喜怒哀乐,他只有一副表情:安静的眼神和寡言的嘴。

也许他在战争中被炮弹震坏了表情包。有时看人的眼神像是通过瞄准器打靶。他那像小白鼠在笼子里不停跑动的妖媚的小个子女人勤劳聪明能说会道,似乎一刻也停不下来,如果她的眼光能像手电筒扫视枯井那样照射得更深一点,也许最终能看见洞底有些什么东西——有时候不是事物藏得太深,而是看的人不够用心仔细——也许她能看见他灰烬中的火星。

混混砸店那天,戴新月的女人正在广州采购新款婚纱和配饰。她多逛了一天广州著名的老鼠街,打算买些名牌A货放橱窗里吸引顾客并销售。她越来越有商业头脑。每次从外面回来都能想出新的创意,挣女人的钱,就得知道女人想什么、要什么,这些她自然比男人更懂。第一次去广州进货,她用夹带百分之九十方言的普通话跟夹带百分之八十粤语的普通话讨价还价,像两个外国人双手比画嘴巴造型,一场买卖下来汗水湿透衣背。回来后开始学普通话看《新闻联播》,有事没事舌头就在嘴里绞来绞去纠正发音,没过几年,全国推广普通话,连湘北小城也不例外,当别人磕磕碰碰,她已经说得接近《新闻联播》了。

总有人问初冰什么时候去广州,多半是想托她捎点什么东西回来,也有个别语气不同暗示她走后家里可能有状况的,但那种微妙的语调她不可能领会,因为她从没想过会有什么差错,相信她的家庭永远不会有什么问题。也有人自作聪明,说戴新月的女人是故意给他自由空间,她在把自己做大做强,经济抓在手里,一点都不怕他有什么变化——不然,像她那么灵泛的女人,唯独在这件事情上迟钝,讲不通。

镇里人和村里人没什么不同,他们活着也没少为别人操心,消耗给他人生活的脑细胞比自己的还多。他们的话不妨权且听着,不用太认真,也不要完全忽略。她也给街坊带些煲汤的海鲜干货和当地特产,嘴里叽叽喳喳地解说这些东西的做法,还不时蹦出一句广州话逗大家一乐。她给初云初月送的生日礼物也是老鼠街淘来的。初秀夜里抱着她送的KITTY猫粉红书包睡觉。她已经上小学了,智商高过她爸爸。她爸爸最关心的还是哪里死了人,作为香烛先生,风里雨里都要赶过去。他的名气远近皆知,大家也都喜欢他不抽一根烟不要一分钱认真仗义的脾性 我必须保证长明灯不灭 香烛不熄 让死人平平安安地去他想去的地方 没有哪一个香烛先生像初来宝一样让人放心。别人通常偷懒、好吃、耍滑头,而且不尊重死人,和妇女调笑让香烛灭了也是常有的事。所以他们当香烛先生的时候，也许死者掉进什么坑里洞里一直爬不出来，别人又听不见他们的喊叫。

　　戴新月的女人也从老鼠街给弟弟买过衣帽，但从没让他来过家里，她不想让别人看见儿子有个这样的舅舅，对初秀比对其他外甥明显要好。初秀是她们单眼皮世家里最漂亮的一个，正应验了一句俗话　歪缸酝好酒　初秀隔代遗传，继承了曾祖母戚念慈和祖父初安运的优点，单眼皮挺鼻梁薄嘴唇，皮肤细嫩，像一个甜美的日本姑娘。戴新月的女人好几次动过收养她的念头，似乎是政策不允许，她只能偶尔带到镇里来玩耍，让她做摄影模特。影楼扩展后越来越忙，也就顾不上她了，后来她也长大了，不再带得亲了。

　　戴新月的女人在店面被砸不久，正值中午炊烟升起的时候走过古桥，一排算命瞎子靠着桥栏坐在自带的马扎上翻白眼。她随兴抽了一支签，给了瞎子十块钱，下了桥那瞎子还在解释签文，非常敬业。不久，人们都知道戴新月的女人在桥上抽到一支婚姻上上签，但他们讨论的不是签子的好坏，而是抽签这一行为，似乎暗示着她的婚姻出了问题。有的备好了惋惜的神情与言语，打算按下心里莫名的兴奋找时机宽慰当事人，并从中打探出更多的内幕。

　　戴新月的女人刚一进店，影楼外便围了一圈人，看她怎么面对一团糟，也有人随她进了店里。戴新月正在缓慢地收拾残局，粘合模特破裂的脑袋，戴上假发，让模特站在他和他的女人之间

　　黑社会收保护费的来了　狮子大开口　我不同意　他们就砸东西　他平淡地说出早就准备好的话　变着法子找茬　这次说你借了他的钱不认　下次说你碰了他的女人　我要是没丢掉一条腿　我要是拿出我当年打仗不要命的气势　哪里有他们今天混饭

吃的时季　他第一次连续说个不停，好像撕掉了无形的口罩。他甚至都没有看他的女人一眼，似乎他只是一个负责解释现场、提供线索的侦探。

他的女人也像警官非常认真地听着，若有所思　这帮猪日的　他们也真会选时间　趁两条腿健全的人不在的时候　来欺负一个战争中受伤的残疾人　要不是战士们在前线保家卫国　哪有他们今天来收什么保护费　这些红屁股泼猴

他的女警官对这件案子做了一个简单陈述，对罪犯的卑劣行径表示鄙视。这些话戴新月听着觉得有点不对劲，旁边人也觉得略为刺耳。他的女警官里里外外检查了一遍，看看是否还有别的损失，水也没喝一口就开始捡拾屋子，一边打电话请玻璃店的人过来修补橱窗。烂婚纱直接扔了，能缝补的留下来缝补。

戴新月没有报警　抓进去待几天　出来更麻烦　这种人进监狱就是往脸上贴金　威力更大　一部分人认为他说得有道理，小镇青年就是这么无法无天，除非出了人命。另有种反对观点，如果完全不给他们教训，他们就会干出杀人放火的事情来。戴新月的女人摆摆手表示算了，要是他们下次来，她要朝他们脸上撒尿。问题是一个小个子女人，怎样完成这种高难度动作。人们散开了，回到家还在想这个事情，多少感觉到那个小个子女人身体爆发出来的威慑力，不知道那些混混们会不会闻风丧胆。

俗话说家和万事兴，新月影楼这么被砸以后，时运有点背转。也有客观原因，大量的年轻人离开镇子往大城市里发展，在外面结婚买房，镇里的拍摄条件已经满足不了他们的要求，有的专门去海边或樱花开放的日本，或者埃菲尔铁塔、纽约时报广场，新月影楼

再一次面临市场的淘汰,依靠周围的少量需求盘活。另一个原因是,人们嗅到影楼不同于往时的气息,橱窗里展示着落寞,连店里的石膏模特都透着压抑和郁郁寡欢。

7

初家的五间红砖瓦屋,过去算村里的豪宅傲然独立,周围那些需要猫腰进出屋顶长满野草下雨时漏雨刮风时掀顶下雪时屋顶塌陷的泥砖茅草屋显得十分卑微。初安民死后的第二十个年头,周围的茅草房不知哪天起全都变成了两层楼房,黑瓦屋顶白瓷砖外墙,有的还镶嵌金光闪闪的亮片。它们反过来包围孤独的红砖瓦屋,像狼群围住猎物,虎视眈眈,带着怜悯与嘲弄的表情;有的地坪上还停着轿车,来去喇叭按得哇哇响,引得人探头观望。这时候初家老屋默默的一言不发,连个人影也难得一见。门口的竹竿上,过去挂满了姑娘们五颜六色的衣裙迎风飘舞,现在只是一根光溜溜的棍子,偶尔搭着一团烂衣破布,那是初来宝的衣服。当他干完香烛先生的活彻底结束一个葬礼,便将衣服脱下来放水里浸一下,搭上竹竿,等下次死了人再穿上。家里七个女人只剩下两个以后,他感觉自己引以为豪的东西消失了,继而陷入一种沉甸甸的愁苦当中。他认为那五个女人离开家,是因为她们不喜欢他了,再也不抱他背他带他去林子里摘野果摘野瓜,不在夏夜里乘凉的时候捉萤火虫,不管荷花开得多么鲜艳都没人来摘一枝给他。他几乎都见不着她们了。

后来在奶奶的张罗下,他有了一个叫赖美丽的女人暖床,而且她又生了一个小女人,他以为他们家又会有很多女人的时候,赖美丽却走了,不多久连报时报天气的奶奶也去了她该去的地方。母亲在时他还有口热饭可吃,某一天母亲也不理他了,整天自说自话连瞧都不瞧他一眼,还装作不认识他。他一想起就哭,哭是号哭,他不明白事情为什么变成这样子,他感到是自己犯了什么错。哭的时间并不长,一两分钟就戛然而止,有时候连眼泪都没来得及下来就停止了;有时候短暂到像婴儿哭前先憋红脸的那一瞬间。所以他身上总是带着某种悲怆的特征,仿佛爱国诗人身上那股浓郁的忧国忧民气质。他的胆子越来越小,除了当他熟悉的香烛先生,打点与葬礼有关的一切,别的什么都不敢碰。人们说他年纪越大越傻,小时候还懂点逻辑头脑也够用,到二十多岁就是一团糨糊,竟然把自己的女儿当姐姐,跟着她去学校上课,在教室外面等她放学。

王阳冥认真地教过他当司公子*28,学习丧葬仪式,包括殓尸、入棺、请水、出殡一系列风俗习惯,他学得很快,忘得也快,没人引导就出现混乱,顺序颠倒,最后确信他只能当香烛先生。他是一个杰出的香烛先生,总是目不转睛地盯着燃烧的香烛,看着它们一点点变成灰烬。他偶尔对司公子唱道场的腔调入迷,但那是耳朵的事情,做法事有几百支香烛需要照顾,他手里紧紧地抓着一把香烛,眼睛不停地在香烛间巡逻。有的人家孝子们哭得地动山摇,有的平淡,有的喜庆,不管孝子们什么表现,他都一样 将来都要去那边迟早会碰上的 到时候我还是要给他们当香烛先生 他是这么想的,要给所有鬼当香烛先生。

香烛的气味已经渗入他的肌肤。人们闻到空气中的香烛味就知道他来了,或者刚刚经过。刻薄的人说那是一股死亡味,就像他姐夫王阳冥一样,死亡气息也融进了他的面部。但王阳冥会画符念咒,初来宝用什么来抵抗驱逐那些不清不白的东西呢?他有几次倒地口吐白沫,过会儿自己爬起来没事一样,人们才知道他心脏有点什么毛病。

他经常几个月不回家,像个野人到处游荡,寻找死讯。有时人们发现他在一百公里外的葬礼上忙碌。他就这么在益阳这一带兜兜转转,从不停歇。隔了很久,当人们认为他走丢了或者死在外面了,他又突然出现,头发胡子一堆乱草。连初秀也习惯了他时常消失,如果他永远不回来,也只像出去的时间久一点。

他当香烛先生当得好,别人需要他,看得起他,他尤其人喜欢听司公子喊话 香烛先生 香烛先生 准备好香烛纸钱 现在要到河边请水 他也听见别人说话,但那些话很难钻进他脑子里去,它们就像一些鞭炮纸屑在眼前飞舞,或者秋天的落叶一样属于大自然的一部分。

姐姐们一个个离开家,抽走她们带给他的快乐,他也只是困惑地坐在马扎上抠指甲。给他暖床的女人走后,他还是睡在自己这边那边空着。他甚至不知道怎么像别人那样让水从眼睛里流出来。大家通常在春节回来团聚。每个房间里都是人,娃哭娃闹,姐姐们的注意力始终在别的事情上,偶尔把目光投向他,也是不咸不淡无关紧要,童年里相亲相爱的日子仿佛不曾有过,娃娃们也是厌弃他的样子,他一走过去他们就哭。娃娃一哭他们的妈妈就会说 来宝你是舅舅呢 不要和小孩子抢东西 或者 来宝你别抱她 让她自己玩 他只好呆呆地站着,像一条脖子上系着锁链的狗看着鸡鸭撒欢。

他们不叙旧只聊新,不谈过去只说未来,除了房子车子之类的梦想,貂皮大衣也是追求目标,后来还谈到买马赌博,还有将来儿子娶什么样的媳妇,女儿找什么样的婆家,然后摆好桌子开始相聚的美好时光:打麻将,斗地主,牌噼里啪啦响,这个打错牌捶桌子拍脑袋,那个乐哈哈喜滋滋直把钱往兜里装。

屋里烟雾笼天,槟榔渣一地。这些热闹被一屋薄薄的弹性十足的透明膜裹成圆球,他在外面看见他们,却怎么也进不去。这时候他们的大家庭其乐融融,连阎真清和王阳冥之间的缝隙也不存在了,烟和槟榔相互传来递去;戴新月斯文一点,保持城里人的修养,出牌从不吭声,嘴巴仍然安静。姐妹之间的暗自嫉妒也看不见了,她们一边喊牌一边吃东西,连平日里嗓门低小的初云喊起牌来也洪亮了很多。初雪不是熟手,但为了凑手勉强上阵,初玉不会打牌,但给他们添茶倒水,每个人都派上了用场。

来宝看着她们,努力回忆她们少女时期的样子。他记得初云有一对粗长辫搭在胸前,初月头上飘着半片乌云,初冰的齐耳短发有一条白白的边分线,初雪冲天短马尾巴,初玉长发飘拂……他那时候辨认她们不是看脸,而是看头发。在他看来她们长得一模一样,都是单眼皮,都喊妈妈叫妈妈,喊恩妈叫恩妈,即便有发型的区别,他有时候也会搞错,因为他脑海里本来就是混的,无所谓谁是谁,都在一个桌上吃饭,因此是一家人,都是姐姐,无所谓大姐二姐。所以在他从来就没有把姐姐们分出两样来，不像奶奶偏心偏得十分明显 十个手指尖本来就不一样长 她是这么说的，毫不隐瞒自己的想法。很多年后，初云和初雪甚至会责怪奶奶的做法影响了她们的性格与命运，初雪说她甚至都不想赶回来参加奶奶的葬礼。

他听她们聊得津津有味。但有些话初雪只对他讲，她不信任别人。

我一想就想到恩妈那副不近人情的样子 冷冰冰的 因为她前面已经失望三次了好像被关在瓶子里的魔鬼立下了咒语 如果第四个来到初家的还是个女的 我就要吃了她 我晓得恩妈不喜欢我 恩妈的势利眼 初玉要不是个小神童 会读书 她也不会把玉环留给她 每次过年发压岁钱的时候 给初玉的总是多一些 对了 她可从没叫过初玉下田干点什么 尤其是六月天 她就让她留在家里 在太阳晒不到的地方 煮饭洗碗烧洗澡水 我们在田里晒得出油的时候 初玉可以躺在凉席上睡午觉 我不是说初玉不辛苦没功劳 我的意思是为什么我们就没有机会留在家里煮饭烧洗澡水 哪个不想在阴凉处把脸鬼蓄得雪白的 一白遮三丑 最起码是大家轮流在家才说得过去吧 不知道我那时候为什么就一点都没想过跟恩妈讨价还价 心里感到不公平 腿脚还是要按时往田里去 一点也没想过反抗她 她那么大年纪 又是一双小脚 她怎么能那么威风凛凛地让所有人服服帖帖呢 想想娘在她的魔爪下 不知道会有多么压抑 我最终还是赶回来了 因为我还是顾忌做晚辈的责任 不能记长辈的仇 当然我也不

是恨她　只是不爱她而已　那就是为什么我一旦成年就跑了　我想跑得越远越好　跑得越远表示我越不眷恋她的拳头捏出来的家的形状　跑得越远越表示把我自己这颗牙齿从那张虎嘴里拔出来了她关心过我吗　有　她认为我跑外面搞坏事去了　要丢初家的脸　那也怪不得她　村里有女人在外卖身体赚钱的　但她不该这么猜测我　我想说我们几个　她最不了解也最懒得去了解的人就是我　因为我是被魔鬼诅咒了的第四个　你们谁知道我一路怎么过来的你们想象不出　我吃过一周的方便面　我睡硬板床　洗冷水澡　整整两个月和八个人挤在一间宿舍里　一天工作十六个小时　是流水线上的一台机器　谁知道我生病的时候怎么挺过来的　被人歧视的时候怎么挨过来的　像个孤儿一样被世界抛弃话又说回来要感谢恩妈塑造了我什么也不怕的性格　在这个世界上我只怕黑　怕鬼　怕黑就不走夜路屋里留灯　在城里以后我不再相信有鬼　乡下到处是坟地　气氛阴森　又老是有些没法解释的神秘现象　在这样的环境里自然会相信有鬼　毫不夸张地说城市给了我新的生命与灵魂　回过头来看小脚恩妈　我真的可怜她　她们是在一种束缚中没有选择的余地她肯定也挣扎过　但社会没有提供出路　以至于她认为生活就是这样的　也迫使妈妈过她那样的生活　可是恩妈一死　我们家才是真的塌了　再也没有一个人可以将大家凝聚在一起　团结一致　大姐夫一下子谁也不放在眼里　为鸡毛蒜皮的事闹矛盾　争斗　想来一趟就来一趟不想来时不管是什么大事他都不会露面　三姐夫心里本来就有点歧视乡下人　恩妈死了　他以腿脚不便为理由都没做孝子下跪说什么街上不兴这个　街上不兴那个　说得好像街上人都不是爹

娘养的　我这些年在街上　注意　是比他那个镇大无数倍的真正的城市　不是那种一条横街　一条竖街　一座桥　一支烟的工夫就能走完的小镇　按照他的逻辑　他头顶上不知得有多少人具有歧视他的资格　现在城乡差别越来越小　农转非也容易了　城里户口与农村户口再也不是过去白人和黑人的等级关系了　要看的是个人的本事　能力　镇里户口还有什么优势　我听专家说　再过十年八年　农村户口更吃香　有田有地有补助　我想说的是土不土鳖不是看户口本　还是得看观念街上土鳖和乡下土鳖都是土鳖　不是街上土鳖就比乡下土鳖高等　见识越多视野越广对人对生活的理解越深　越包容

　　还是说恩妈吧　有一回我从上海回来过春节　吃完饭洗碗　一转头发现恩妈站在门边看着我　眼神不是慈爱　而是某种八卦意味　我心里很不舒服　她不该那样看我　好像我在外面过得好与不好都是她的耻辱　我情愿她问我　我会告诉她所有的情况　我会描述我亲眼所见的上海滩　告诉她上海是什么样子　我也会说出我遇到的男人　她听完可以再下判断　说我利用男人也好　说我糟蹋感情也好　都无所谓　我遇到的第一个男人把我从最艰苦的工作环境中拯救出来　他有家室没错　我也从没想过结婚　发现我是处女他很意外　听说我考大学失败　他主动帮我这样的好女孩找一份好工作　我无意间发现男人真正的实用之处　其实这个世界就是女人和男人的关系　依靠女人成功发财的例子不少　有野心的男人娶女人就是娶她的家世地位或财富权力　不管她有多丑　男人就是给女人用的　如果你不能意识到男人的这个功能　就会盲目地浪费青春和时间　我知道几乎每个姑娘都在

已婚男人那儿蹉跎过最好的年月　我就从来没有被所谓的爱情耽误过　你也可以说我不知道爱情是什么东西　这还是要感谢恩妈　因为她早就说过婚姻靠的不是爱情而是运气　那个已婚男人推荐我去了一家上市公司做前台接待　后来转向市场营销　他让我看美国学者基恩·凯洛斯的书　我首先了解了什么是市场营销　这是为消费者服务的理论　也是对社会现象的一种认识　通过销售渠道把生产企业同市场联系起来　我后来发现营销其实是艺术　是要研究人心人性的　我一直感激这个人　虽然后来我连他长什么样子都不记得了　我可能也是他人生河流中的一尾小鱼　连浪花都拍不起来的　但是我们互相温暖过对方　有过平和愉快的男女关系　不是那种爱得动刀子见血的感情　对社会治安与平静毫无威胁　正如他说我们是一对非常文明的　现代的饮食男女　还有好多人尚处在茹毛饮血的野蛮之中

　　如果恩妈多问一句　我还会告诉她我在这家公司做了多久跳了槽　我获得了另一个更好的职位　这是第二个男人的作用　他的作用不是直接而是间接的　因为我跟他谈了两年恋爱　他是正儿八经的本科生　他对我的影响不是正面的　如果我不继续充电学习获得新的学历　我可能很难给自己开辟新的发展空间　其实这也是我们最后分手的原因我的履历栏上的高中学历始终是他心头的刺　他并没有等到我一路自学考到经济学博士没有哪一个男人等到这一天　因为在这十年里我记不清换了多少次男人　不管是主动还是被动　我从来没有停下来为任何一个人　任何一段感情伤感或痛苦过半天　我连哭都没哭过　对方流露出分手的意思　我就自动消失了　根本用不着他说出来　倒是我要分手的时

候　被两个人纠缠索要机会　我走路不回头的　我可不想像《圣经》里的那个女人　一回头就变成了盐柱子　希望在前面　不是在后面　别说我凉薄　我不勉强自己　现在想起来　我是没有青春过　一进青春期就老了　第一次与男人谈情说爱像老手一样　这让我省下不少麻烦　多少人被情爱困在沙滩上　有首歌叫　死了都要爱　我就不能理解这种把爱放在生命之上的　尤其是女人　女人要紧的是事业　不是嫁人的事业　不是美貌的事业　而是像男人一样拥有话语权　恩妈把经营家庭当事业　妈妈把配合服从当事业我们真的必须赞美她们是伟大的吗　古代人赞美的小脚　现代人看来是畸形　我从小就待在树上　离开地面看村庄　我知道有一天我会去很远的远方　这不是马后炮　我是一路被轻视过来的　家里是从恩妈开始　别人带来的轻视更多　乡下人皮肤黑　穿得土学历低　鲁莽　说不好普通话　正是各种各样的轻视形成了我的翅膀　方言早就不够用了　表达障碍　不瞒你说　方言乡音　在前进的路上碍手碍脚　它也是我努力甩掉的东西　我早就做到了　但我知道那种艰辛的过程　也许某一天方言消失　愚昧和鲁莽也会同时不见　普通话和世界性的语言浸入乡村　也许会打开新的文明大门　那是我对乡村的期望

　　我不想回来　那些视线被树林挡住的旧眼光落在身上简直是一种羞辱　他们清楚地记得你是哪一年出生的　谁谁谁家的孩子跟你一样大　心里掐指一算　啊　三十多岁的姑娘了还没嫁人生子　这一世还有什么救啰　我本无所谓做他们眼里的失败者　那些无关的人　那些火星上的生物　要命的是当你身陷这个环境的时候　你会不由自主地使用乡村的标尺　于是你的确量出自己的

失败　你发现你有两个我　一个在村庄　另一个在城市　乡村的那个我一进城就自动雪化　城市的那个我回到乡村　就会被歼灭　这时候我才会理解恩妈和妈妈　世界上最强大的东西不是核武器　而是日积月累的文化

　　他们一见你　总喜欢说你上树掏鸟窝像个野小子　说你在田里插秧屁股朝天根本不像个干活的　说你在教室里烤火惹起了火灾　说你将死老鼠盖在班主任的饭碗里　他们记得那些你自己早就忘了的事　好像是替你珍藏保鲜　等你回来就晾出来　我躲着他们去后山打发时间　但是山被挖空了很多　到处是坟墓　水泥路一直修到坟头　有的墓地像皇帝陵　围墙占领空地　雕龙柱竖起荣耀　有的整个坟堆都覆盖水泥　坟尖留块碗孔大的空　一撮青草出孔里长出来　到处是鞭炮纸屑塑料袋　还有放空了的烟花纸壳　野蘑菇几乎看不到了　再也没有了恩妈采蘑菇的好时季　荷塘也填了　有两年回来到处是猪屎和苍蝇　猪们像唱诗班合唱团嗷嗷高唱　猪屎臭替代了荷花香　我只好待在我们的红砖老屋里　有一瞬间我同时产生了恐惧与庆幸　我不是只怕黑和鬼　我还怕我被终身规定在这样的屋子里生活

　　这是二〇一六年的事情。一个天气恶劣下着冻雨的夜晚,初雪盘着腿坐在赖美丽陪嫁来的沙发上,赖美丽怀孕后经常坐在上面,坐出一个坑也坐塌了所有的弹簧,就像搭了一块布的木架子一点也不舒服,所以她过会儿就要挪动一下屁股,但她嘴上一刻不停一口气对他说了这么多话。她把他当知己,或者说家具——人只会对这两样东西说真话,就像写日记一样。他张着耳朵,紧紧地注视着她的脸,看话语的豆子怎么一粒粒从她的两片红嘴唇里滚出来落在地上。她的腔调怪怪的,一开始是他听得懂的家乡话,说着说着就变成了另一种陌生腔,他不知道那是普通话、上海话、英语几种腔调同时使用,他努力地用表情配合她的情绪,仿佛也在暗暗使劲。她以前的冲天短马尾变成了长长的马尾巴拖在后背,这么多年她没有换过发型,没剪过刘海,宽宽的额头露出来,好像宽银幕,随时会放出一场电影。她摘下烟灰色围巾时,他看见她脖子上有几圈细细的皱纹,脸上是平整的,单眼皮眼尾有点上扬,鼻尖和脸颊上分布数颗淡痣,仿佛正是这数颗淡痣使她散发与众不同的气息,它们文质彬彬,宁静而又深刻。

他看着它们,研究它们,被它们构成的图案吸引,有时像一头吃草的羊,眨下眼又变成一把砍刀,当她转过脸侧边的一半又像一只带把的梨子。这使他想起赖美丽,她脸上的斑斑点点更多更有趣,他可以在上面找任何的图像,连男人和女人一起睡觉的样子都有。她笑起来脸上就像羊群拱动,哭的时候就是一只山羊咩咩叫,她躺在棺材里平静的脸上永远停着一群麻雀,她闭上的眼睛弯弯的像隐约的地平线。不过他后来也忘了这些,太多的死人面孔混淆了他的记忆,但那股身为香烛先生的骄傲始终是清晰肯定的。

初雪的声音渐渐成了背景。他忽然想象她闭上眼睛鼻子不再呼吸的样子。他想只有那样她的嘴巴才能闭上,她也不用再怕黑怕鬼怕人规定她住在这老屋里了。外面起了大风,野兽般围着屋子嗥叫,巨大的叹息声落在瓦屋顶。雨扑向窗户,像百爪鱼贴在玻璃上蠕动。一阵更猛烈的风声。屋外什么东西哐当倒下了。忽然停了电,屋里一片漆黑。她停止讲话,直到他点燃从葬礼上带回来的蜡烛。她望着桌上的蜡烛。他像先前一样坐得笔直的,继续听她讲话。

人们曾经在电视节目上看到初雪。她穿一套天蓝色V领中袖连衣裙,脖子上戴了一条细银链,梳着长马尾,脸上光溜溜的,两条腿并拢斜放着,小眼睛目不转睛地望着主持人。那是一档访谈节目。主持人恭恭敬敬地提问,她微笑着有问必答。她说的不是家乡话。她在节目上说的和对初来宝说的完全不一样,尤其是主持人问她相不相信爱情时,她说她不单相信爱情,而且相信爱情永恒,爱情本来是无价的,可惜现在的爱情都是明码实价。

主持人问　在明码实价的潮流中是不是改变了看法　你是否依然相信爱情

她说这是一个想也不用想的问题,因为她至今还爱着十年前爱过的人,她经常梦见他。一个人一生只要深深地爱过一次,任何时候想起来都会觉得三生有幸。

你说正是这份爱情激励你一路考到博士　彻底改变了你的人生　看来爱情的力量真是不可估量

她说到她的爱情到最后就成了单相思,变成了她一个人的事情,即便是这样她仍然觉得非常美好,虽然他已经去了另一个世界

啊　啊　主持人说

如果初来宝那晚认真听过初雪的话,记住了所有的细节,他就会知道她所说的这个人根本不存在,而且她从没对什么人倾心。

主持人换了一个话题　据我所知你出生在一个贫穷的乡村家庭　那么在你的家庭中有什么人对你产生过重要的影响　人们看到初雪略一沉吟,表情冷峻了几分,似乎首先对她下面要谈到的这

个人先肃然起敬。她慢慢张开嘴说起了她的奶奶,说她受她奶奶的影响最大。她奶奶是一个传统的小脚女人,清朝的书香门第,识字、画画、写诗,后来家境衰落,嫁到大户人家、战争、饥饿、土改、大炼钢铁,也是浮浮沉沉,几起几落,但奶奶撑起了两代家庭 她教我不做哭哭啼啼的软弱的女人 天塌下来也要用双手撑起 我遗传了奶奶的性格 我爱我奶奶 也非常想念她 主持人为奶奶喝彩之余,又问了些妇女小脚的问题,因为这是三八妇女节的一档女性节目

一个人可能无法与时代抗争 更不可能叫板庞大的社会制度 习俗也是一头凶猛的野兽 生理上的小脚不是最可怜的 女性精神上的小脚才是最悲哀的 初雪的回答赢得了现场观众的掌声。主持人带着圆满成功的表情对初雪表示感谢,初雪也说了句客气话,屏幕上打出字幕,主持人和嘉宾在节目导演策划的赞助名单中退场。村里人都在谈论这件事情,一些没看到现场直播的后来看到了重播,初家有人考上北京的大学,现在又有人上电视,他们再次认为王阳冥了不起,好像这一切全是因为给初安运选了一块好坟地。

8

按照初医生的严谨计划,两人在早上八点钟到达天安门广场。初云习惯了乡下敞开的环境,县城巴士的玻璃窗户从不封闭,

也没有这种在地底下穿行的怪物。地铁前行,窗外墨黑,乘客屁股挤屁股胸贴胸,肉身随着车速摇摆,戴耳机面部发呆的、看手机的、窃窃私语的、闭目打盹的,都仿佛在摇篮里一般平静安详。他们几乎都是年轻人,健康有朝气,姑娘们都很好看,说话声音悦耳,聊的都是她从未听过的东西。没有人看她一眼,她说土话的时候没有遇到好奇的目光,也没有人嘲笑她难以掩饰的外地人的惶恐,于是她眼睛睃来睃去,大胆地观察打量这些新鲜人类。

她注意到姑娘的粉妆,淡淡的腮红、鲜亮的嘴唇、描画得神采飞扬的眼线,她们时尚的衣服、露出脚踝的短袜子、彩色的指甲、各式各样的耳环。她过去只能在电视里看到的,如今全部都在眼前了 年轻真好 年轻又在北京这样的大城市 好得不能再好 他们自信自在的样子让她第一次感到自己老了,青春白过了,想到北京之行的目的,心里忽然羞愧起来 你会发现北京有大把比复通输卵管更有意思的事情 她似乎隐隐明白了初玉的话 意识到正是那些有意思的事情,使眼前的面孔这么年轻放亮,他们都在北京谋求老去。北京的老人她也见了,他们的老又和村里人的老不一样,他们的老里头没有宿命,而是豁达坦荡,是他们在公园相亲市场为子女找对象时的理直气壮。关键是他们不服老,老太太穿得桃红柳绿,极力呈现年轻时的美貌,不让岁月盖住过去的光芒,老头子穿着对襟唐装,在公园里唱京剧打太极遛鸟逗狗 世界是你们的 也是我们的 他们的表情说着这样的语言。

地铁停靠或启动时,她总是失去重心,随着柔软的人墙摇摆,没有跌倒的空间,有时候双脚都悬空了,身体飘忽。她想到关于北京地铁女人被挤怀孕了的段子,注意力这才集中到自己的身体。

这才意识到她的胸紧贴着一个男人的肩膀,右边臂部死黏着另一个男人的前胯,左边是女人压迫的屁股,后面有什么东西顶着她,她认为是哪一个起了淫心的男人,她没有办法动弹,连头也回不了。这边姑娘淡淡的香水味在混浊的空气里缓解压力,那边一股带着韭菜小笼包味道的呼吸喷到她的脸上,不能动弹,默默忍受装出没什么的样子,这时候便有了受刑的感觉。她看见初玉双手抱胸,昨晚聊得太久影响了睡眠,她这会儿正站着打瞌睡补觉,淡蓝色的眼影仿佛梦境,睫毛不长,但是密密地覆盖出一条弧线,身体随着地铁一摇一晃。她脸上也有几粒清淡的痦子或雀斑,使皮肤显得更加白皙。初云穿过间隙望向漆黑的窗户,霓虹灯广告牌打破黑暗满窗彩色的图案,她根本看不清内容,只觉得呼吸加快,额头冒汗,脑袋一阵晕眩。也许她做出了要呕吐的样子,身边人赶紧往后挤退。

一趟地铁让她疲惫不堪,回到地面开始真正的晕眩,不知道东南西北。她感觉繁忙流动的马路和拥挤反光的高楼大厦形成了巨大的旋涡将她吞没,一种说不出的惶恐阻止她继续前行

我们回去算哒　我真不是来耍的　天安门也不想看了　一块空空荡荡的广场没什么好看的　故宫那些空房子阴气太重　长城我也不去了　不就是些烂墙破砖头吗　电视里一报天气预报就看得见

初玉没吭声,抬腿进了包子店。

你能忍受手术刀在你身体上划一刀又一刀　因为你认同这些　你忍受不了城市的发达与文明　你是从心里抵触　你也是二十一世纪的女性了　要真是为自己活　就不能老是停留在发挥生

育功能上　想一想假设复通成功　再生一个孩子　把屎把尿到孩子还没断奶你头发就白了　这是什么活法　等初云吃完碟子里的咸菜和包子,初玉又劝说起来。她知道,乡村妇女并非智商天生低下,如果她们同样受到高等教育,像种田一样耕读书本,获取知识,她们对自我和世界的认识肯定大不相同。

　　有片刻她觉得泄气,因为初云的眼睛里看不到受到启发的灵光闪现,她甚至会跟初玉主动分出级别等次来。比如你们有知识的人,你们有钱人,你们城里人等等,初玉听了心里不舒服。她记得小时候初云辅导她的功课,数学题,猜谜语,脑筋急转弯等等,她脑子非常灵活,她还得过学校的红花奖励。结婚后她放弃了识字,忘记了自己是认得字的,孩子读书以后,她连短短的说明书都不看,儿女一度以为他们的母亲是个文盲。她自我放弃那么多年,现在要找回自己,可惜依然是一种错误的方式　你们这些有文化有知识的人　她被她那种口吻扎伤。

　　初玉这时听出来她语气里的抱怨,过去她从不这样,因为她性格隐忍。也许她感觉到妹妹尖锐的言辞,多少有些看不起她脑子里没货,而她脑子里没货,就是为了让妹妹们脑子里有货,如今她们确实有货了,却开始对这没货的说东说西近乎指责。初玉虽没说过　乡里人　但她的态度里已经表达了对乡里人的另当别论,好像她们不曾在一口锅里吃饭一张床上睡觉在一个奶奶的严厉注视下成长,好像她们不曾被同一个父亲抱过亲过撒娇要赖被同一个母亲唤过小名。初玉考上大学离家之后,一年年变化一年年疏远,她也不像小时候去初云家要住上几个晚上,嚷着要吃这个吃那个,读了书做了城里人之后不怎么来,来了勉强吃餐饭就走了,吃饭前还将已经洗过的碗筷洗了又洗,凳子抹了又抹,好像她过去不曾坐在这些凳子上吃饭。她还叫她怎么穿怎么保养怎么吃营养怎么样让皱纹晚些出来。有一回她还说她的指甲里有黑泥为什么不剪掉,她怎么不想想,她要留着指甲干活的,她又不是城里人耍笔杆子拿手术刀的,她每天要和泥巴石头等一切坚硬的摧毁细皮嫩肉的事物打交道。

看到初玉那么理直气壮地用她的文化知识对她说那么多高深的道理,初云心想,如果她体验过泥巴和冷水对皮肤的破坏,懂得乡村妇女剪掉指甲,只能用肉指尖与坚硬的事物搏斗,她如果懂得一点生活的艰辛,就不会这么对她说话。初云想起这些令人不快的细节来,她想 我只是一个没文化的穷亲戚 这是事实 但出于某种对知识的敬畏,或者说久已有之的顺从态度,她还是习惯性地抿抿嘴,无奈无声地结束了一场本来值得深入讨论的谈话。

两人吃完东西依旧往天安门去。

长安街两边高大的玉兰树随街道绵延,肥硕的玉兰花像棉花般大朵大朵,香气扑鼻。当初云知道这就是课本《十里长街送总理》的地方,顿时热泪盈眶,她清晰地记得学这篇课文时她哭了,她仍然能够一字不落地背诵它

天灰蒙蒙的,又阴又冷。长安街两旁的人行道上挤满了男女老少。路那样长,人那样多,向东望不见头,向西望不见尾。人们臂上都缠着黑纱,胸前都佩着白花,眼睛都望着周总理的灵车将要开来的方向。一位满头银发的老奶奶拄着拐杖,背靠着一棵洋槐树,焦急而又耐心地等待着。一对青年夫妇,丈夫抱着小女儿,妻子领着六七岁的儿子,他们挤下了人行道探着身子张望。一群泪

痕满面的红领巾,相互扶着肩,踮着脚望着,望着

她朝东看一眼看不到头,往西望一眼望不到尾,现实的街道比想象中的还要辽阔,像一条平静的大河　我回去就要告诉他们　我到了长安街　课本里写过的长安街　等来到天安门红色城楼,看见巨大的毛主席像,她的眼泪流下来　在北京　可以天天来天安门看毛主席　她喃喃自语。

据我所知　在北京生活的人　从没想过天天来天安门看毛主席　甚至一年也难得来两回　她跟她开了个玩笑　要是天天可以看毛主席,你还做不做复通手术

北京是你们有知识的人待的地方　我这种没文化的　看一次毛主席也就知足了

你错了　北京需要各种各样的人　每个人都能在这儿创造价值　甚至奇迹　送快递的自学英语后来进了国际业务部　当经理　当月嫂的中年妇女拿起笔来写自己的故事后来成了作家　机会像流星闪过　就看哪只手能抓住　我们医院一个护工　积累了足够的经验和资源之后　开了一家护理公司　专门为病患介绍陪护工作　兼做病号调理营养餐　越做影响越大　业务扩展到了别的医院　这些人都只有初中学历　但是他们并不停留在原地踏步　如果哪个女人除了两个孩子一无所有到四十岁之后却还想生孩子那她连原地踏步都做不到　只有退步的可能

我现在这把年纪了　干不了什么事情　更创不出什么奇迹

我倒是认为　你复通手术成功　再生一个孩子　这就不是一般人能做的

她们的对话无论从哪里开始,最终都会回到复通手术这件事

情上来，好像复通手术是个环心，外围的环径都是铺垫。初玉虽然说过并不阻止她做复通术，可是说起话来却是不依不饶，正话反话，真真假假，讽刺奚落，各式修辞，初云的想法仍然和刚来的时候一样，那股干重活的执拗劲大约只有她自己崴了脚闪了腰的时候才会中止。

出乎意料的是初云自己谈起了那个男人。那会儿她们已经看过故宫的空房子和皇帝的大龙椅，在颐和园昆明湖里划船。春光倾泻，微风舔皱湖水，飞机在空中划出一道白色弧线。初玉给初云当解说导游，她说颐和园是慈禧挪用军费给自己建的超级大别墅，赶建为自己六十大寿庆生，甲午战争的残酷使她的生日蛋糕都充满血腥味

野史有说慈禧偷情怀孕的　清人笔记里写慈禧太后有段时间里喜欢吃汤卧果　汤卧果可不是树上结的果子　是一种点心菜　是北京人对水泼鸡蛋的叫法　慈禧每天早晨都要差人去饭馆买　饭馆里有个送货的俊俏小伙被李莲英相中了　经常偷带到宫里去玩　后被慈禧发现留在宫中专用　因此怀了光绪皇帝　说这就是慈禧非要立光绪为帝的原因因为光绪是她的亲生子

我在电视剧里看到慈禧吃饭每次小吃都有几十个碗　正餐都有一百只碗摆得整整齐齐　吃不完的都给了宫女下人或者太监吃　世界上最好的厨子都在她宫里了　她犯得着去外面的馆子买吃的吗　她是不是偷情怀孕生下光绪我不知道　我就是不相信她会在外面买吃的　那外面厨子会做汤卧果　她这么大权力怎么不把厨子召进宫来　或者派人去跟厨子学做这道菜

你质疑得完全正确　人们总喜欢给大人物编故事　本身就是对她的生活好奇的缘故　村里人不也是一样吗　你悄悄来北京是对的　谁知道人们会说些多么难听的话　虽然我对你的感情问题不做评判　但凡事还是有道德标准的　你不是自由身　要知道现在貌似思想开放　人们脑子里根深蒂固的对女人出轨的仇恨意识离浸猪笼并没有多远　现在网络发达　一旦发生这样的事情　网民们就像食人鱼一样　都要扑上去撕咬一口尝点血腥的　要是浸猪笼的话　他们会更加疯狂

　　远处有嬉笑声飘来。湖面有些凉意。就在这时候初云说起了那个男人。人们可能觉得只有电影里那种漂亮的男女才会谈情说爱拥抱接吻，很难想象两个长得丑的、又没受过什么教育的人也懂灵肉结合。所以当初云说起她的爱情，初玉很难想象，两个没有洗干净的人互相啃咬对方，他们嘴里尝到的除了咸味酸味荷尔蒙味，是否会有甜蜜爱情与美感。她意识到她的想法不够公平，她从那个贫穷和肮脏的小地方来，不能对那儿抱有歧视，或者不叫歧视叫偏见，但那也没什么区别。她内心也很好奇，一个什么样的男人会爱上初云并且让她感觉如此甘甜？不是从八卦的角度，也不是从医学的角度，只想将这一对男女放在自己感觉的天平上，看看他们是否般配。

　　正午的阳光趋于热烈，空气里升起一团春天的燥热氤氲。一个对初云体贴，与阎真清天差地别的男人随着船身摇摆出来。她没有描述他的长相和身高，似乎那不重要，或者说有意模糊，那个人是世界上对她最温情的人，也就是城里人说的那种暖男——很多没本事的男人只能做暖男，其实就是靠讨女人欢欣过日子——

她缺这个，那个人正好填满。他并没有要求她做任何事情，复通手术是她自己想的，因为那个人年纪不老没有孩子，如果她离婚嫁给他，她就必须具有生育能力，否则她耽误了他。这个条件框框也是她自己定的

她简直是把自己的子宫当作慈善机构，也高估了那个梨状器官的作用力　初玉心想　一定要打消她这种念头　睡过的觉就让它过去　不要附加太多东西　这个傻女人　秋天都来到她身上了　她还不知道　初玉体会不到这桩感情里头有多么深刻的爱意，因为它没有经过患难检验，无非是男人用温暖赢得了女人的肉体——女人常把肉体当作感恩的礼物，所谓以身相许。初玉并没有意识到，在她在思想深处认为没有文化的妇女内心苍白感情匮乏，在她这位医生看来，初云的感情就像病人与疾病的关系，她只做病理研究，临床观察，绝不会用戴白手套的手握着病人的手，拥着病人的肩说些温情的话。

结束了两天的北京游览，吃过烤鸭、卤煮、炸酱面、二毛火锅，就到了严肃的时刻。周一早晨初云醒得比闹钟早，她煮好鸡蛋和粥，每周末的卫生整理由于外出耽搁显出凌乱，她轻手轻脚拖地擦家具，脏衣物扔进洗衣机，阳台花草浇水。初玉听到闹铃起床，看见初云像个保姆似的趴在马桶边洗洗刷刷，心里产生一股莫名的内疚，她想起小时候她总是这样干活，过了这么多年她还是停不下来。

我不打算去医院了　初云说道　我明天就回去　她完全不管初玉什么表情，也没看她一眼，马桶刷得放光放亮　我好像鬼摸了脑壳　一门心思要做那件事情　昨夜睡了个好觉　一下子清醒过

来了　我都不晓得怎么到了北京的　丢下屋里一摊子事　他们一定急得要死　蠢念头一来就像吃了迷魂药　我碰哒鬼都快四十岁了还要去和别个生仔我还嫌我这一世不够累吗　阎燕阎鹰都是要抱小孩的人了　我丢他们的脸　我想好了北京这种大地方我待不了　晕头转向　在咱们那个小城里找份工作不难　田里我也不管了　荒就荒吧　又不止我们一家的田地荒了　好多到深圳广州的田里野草都一人深呢有得几个靠田吃饭的了　话说回来这一趟还是值得　不出来我就醒不了　出来一看你们都在这样生活　真正过自己的　冇人要求你　冇人管你　也有得眼睛天天盯着你　几多自在

二〇〇五年,出现在初云生活里的这次汹涌暗潮来去无痕。

9

初云从北京回家,好像有什么东西注入血液,两眼闪闪发光精神饱满,不声不响地终结了给那个男人生孩子的壮举　不能从一个坑里跳到另一个坑里　我要从四十岁开始活　我再也不要围着泥巴转,而泥巴里捏不出钱来　我要自己的口袋里什么时候都掏得出东西,爱买什么就买什么,不必征求他的同意、听他的教训

总得有一个人出去开始　她意识到自己人生真正的新阶段就要开始了,当她若干年后回顾自己的生活,她一定会记得北京那些朝气蓬勃的面孔,他们虽然没有投以她傲慢与轻视的目光,他们形成

的气息笼罩,让她感觉到渺小和羞愧。一个阅读手机忽然面露微笑的姑娘打动了她,尽管她永远不知道那使姑娘面露微笑的事物。北京之行启动了她进城谋生的想法,土地上付出的回馈太少,她要换一种方式奋斗。她不是第一个想到进城的人,她这时才留意到周围的房子要么大门紧闭,要么只有老人和孩子,青壮年远的去了珠三角、长三角,近的就在镇里、县城,或者长沙

那些在外面挣钱的人都掀了旧屋建洋房 守在家里的房子越来越烂 我也要带阳台的房子 粉得雪白的墙 宽大的客厅 厕所里装淋浴花洒热水器 厨房里用煤气炉灶抽烟机 她也羡慕初玉的生活,听音乐会、看画展、旅行、野炊,总有这样那样的计划

我已经不能再忍受村里的生活了 我也忍受不了他 我不喜欢他拽着我下沉腐烂 几个月后,她完成最后一次庄稼收割,谷粮进仓,里外安排妥当,不顾阎真清反对,走上了通往县城的大路。城里有钱人多,他们的生活里需要她这样老实能干的女人,她的样貌人们一看就会信任。他们的信任令她震惊,屋里钱随便摆放,买菜做饭从来不问菜价花了多少,有的女主人还把自己柜子里值钱的旧衣服送给她。后来家政圈都知道一个叫云嫂的女人。她还研究菜谱,饭菜做得越来越好,雇主为了挽留她一次次给她涨工资。起先她住在雇主家,后来搬出来,将上班和下班分开。再后来她跳了几次槽,只做家庭厨师,不管清洁卫生花草浇水之类的杂事,她的兴趣集中在烹饪上,她也是这时才发现阎鹰天生爱厨艺,原来是遗传了她的缘故。

初次面对有钱人家的物品,怕打碎怕弄坏的胆怯,她是有的,她担心打碎了,赔不起就只能天天给别人干活。有一回擦拭书柜,

她打碎了一只色彩斑斓的瓷碟，她想扔了碎片，假装什么都不知道，但是正直的血液催促她诚实勇敢。过了忐忑不安的一个上午，等到雇主回家，她立刻如实汇报，并主动提出赔偿。雇主告诉她那只是一个不值钱的旅游纪念品，她后来才知道，那是他们花了几千块钱从伊朗买的。人们的宽容使她感动，于是更加诚实敬业。她从来不觉得这是伺候人的低下工作，相反，她从劳动中找到了某种尊严，是过去她不曾体验过的真正的价值感。她只遇到过一个挑剔的雇主，因为他们有一个爱吃海鲜的女儿，而她没吃过那东西，见也没见过，看到蠕动的鲜贝不知所措，根本不知道怎么把它们做成一道菜。那个骄横的小女孩每次因为海鲜的味道说些刺人的话，她只试了半个月就主动辞职，他们付了一个月的工资，她走时只拿了自己应得的那份。她认识了很多人，知道了不少故事，了解有钱人或糟糕或幸福的生活。可能是有的秘密痛苦没处诉说，有的女主人会让她停止干活坐下来喝茶聊天，当她知道女主人的丈夫在外面和别的女人纠缠不清，多边关系陷入淤泥难以自拔，她会对这富有的女人心生同情，也许富人流下的黄金眼泪，根本不需要她贫穷的同情心。

我真羡慕你简简单单　清清澈澈　富有的女人对她说出这句话来，让她颇为吃惊。因此她知道有钱人不是没苦恼，但他们的苦恼与贫贱夫妻百事哀的哀是截然不同的。有钱人因为钱多带来精神上的痛苦，贫苦人家更多是吃饭穿衣的日常需求得不到满足，尤其是没钱治病的人。

她想起村里还有两个躺在床上的癌患，他们一到医院查出晚期便回来等死，忍受死前的痛苦折磨，已经全身浮肿呼吸急促，连棺材钱都没有着落。横竖一死，大家都能理解，花钱治病人财两空，避免家属背身巨债。每天都有人去看病人，出来描述他的情形，比如脸墨黑的，腮帮子都陷进去了，吃的东西全部吐了出来。第一次发工资休假，她回家给没钱下葬的死者捐了几百块钱，有些人跟着她捐，也有人表示，她抢了本应该是村领导带头表示关怀的风头，让某些领导感到难堪，说她进城不知道干什么营生，回来就显摆，谁知道那钱干不干净。这些话传到她的耳朵里，她知道每一个孤身在外的女人必然会遭遇这样的揣测，好像女人只能靠肉体色相在别处立脚。她此前也曾和喜欢揣测的人们一道质疑别的女人，因此她没有格外在意，过不了多久，他们就会靠近你，向你打听城里的生财之道，有没有可能多带一个人走。

整个村庄好像只有阎真清不管她挣的钱干不干净，或者说百分百信任她不会干坏事，她给他钱的时候，他一个字都不问，似乎时间被折起来了，他还沉浸在此前不同意她出去的情绪里。他后来正儿八经进城，是两三年以后的事情。当她的工作越来越走上正轨，穿着和外貌上发生改变的时候，他想知道为什么一个榆木脑壳也能在城里待下来。她还给阎燕买了一台笔记本电脑分期付款，因为女儿说宿舍里的同学都有电脑，学习更方便。那不过是一所末流专科学校，里面一塌糊涂，学生们花钱在那里浪费青春，但她仍然像对待一个名牌大学生那样对待女儿，叮嘱她无论如何要拿到毕业证

我女儿在上大学　儿子已经是厨师了　和别人聊到子女时，她总是把上大学的女儿放在前面。本以为家政圈子女上大学的少，聊起来才知道别人的孩子在广州上海上大学，读金融学经济学

或计算机，真正金光闪闪的学历，也比末流大学多出几倍的费用。她不觉得被比下去了，阎燕的表现超过了她的期待，因为村子里和阎燕同龄的姑娘，不是初中毕业出去当服务员，就是十几岁嫁人走前辈的老路。说起阎燕的造化，人们还要谈到初家祖坟的影响惠及了阎家后代，细想想这也是八竿子打得着的事情，她毕竟有初家的血统嘛。

初云在城里租了房子，麻雀虽小五脏俱全，阎燕在周末坐两小时火车直接去她那儿，挤在一起，也懒得回乡下。阎鹰有自己的江湖。阎真清经常一个人守着那空瓦房，穿着鞋袜，像干部视察般从田地这头走到那头，看越来越茂盛的荒草开出华而不实的野花，他除了朝这些野花吐口唾沫，毫无办法。受他口水的滋养，它们看见他就俯拜谢恩。他把一朵朵野花想象成他的子民，欣然接受它们的臣服。

人们看到阎真清那副样子，不免议论他可怜的背影，那根孤独的电线杆，任何人都有资格垂怜他人的不幸，就像替哭泣的人递上纸巾。也有说他逍遥自在闲云野鹤的，好多人一辈子想的就是这样，在田园诗意间蹉跎终生呢。人们能知道的就有陶渊明，据说他那篇《桃花源记》写的就是他们的桃源县，这里的地况和文章里描写的一模一样，桃花源面对滔滔的沅江，背倚巍巍的山峰，走过桃花源牌坊，就是桃花溪水，沿溪水前行就是一大片桃林　中无杂树　芳草鲜美　落英缤纷　每个桃源人都背得这几句话。文章中的桃花源恍若仙境，而现实的桃花源不过是一个穷乡僻壤，人们纷纷外出生活，只愿意死了埋在桃花山中。

他后来的想法就是踩着田埂歪歪扭扭地冒出来的。有一回他坐在母亲的坟头,在芳草萋萋中与其有过一番推心置腹的长谈。他一直想给母亲修墓立碑,用石头将坟地围起来以免别人侵占,一年推一年,为此他颇为内疚,后悔没将母亲遗留的钱用来造墓,交给妻子打理也不至于一个钢镚儿不剩。不知道为什么,他从来没有彻底地信任过这个初家的大女儿,他时常会将他对妻子的态度归结于戚念慈的原因,初家一碗水不端平,严重地损伤了他的自尊心,他不像王阳冥那样融入初家说说笑笑,也不善于弯下腰讨人欢喜。

他在母亲的坟头一直坐到腿脚发麻,日头偏西,这时候他们的桃花源陷入一种忧伤的光芒之中,薄薄的雾层浮在田野之上。不管他承不承认,眼前景状的田园诗意击中他的心灵,也或许他感受到的不是田园诗意,而是过去他不曾这么认真地审视周围的一切,忽然受此刻陌生华美的风景迷惑,仿佛田野不是用来劳作,而是用来奔跑跳舞的。他的心灵只震颤了一秒钟,脑海中想起某年春天,一个人在这片田野里被雷劈中,那具被雷电烧得焦黑的尸体破坏了眼前画面——那是他的父亲,他不是饿死的,他是在饥饿中出来找食物时被雷电击中——因为民间认为遭雷劈的人,是不积德没干好事得的报应,这种死法不好听。他对父亲没有记忆,有些画面都是听来的,他是这片土地上第一个不幸被雷电亲吻过的人。

初云在家只住了一个晚上。白天两人没说什么话,说的也只是与土地牲畜有关。吃饭时也只听见咀嚼、喝汤的声音,比任何时候都要响,好像他们在靠咀嚼语言做着激烈深刻的交谈。她放下碗筷后,他还在喋喋不休消灭碗里的饭菜。她做了几道新菜,烹调技术长进了不少,有一瞬间新的口味让他觉得自己娶了一个新的女人,但他一抬头那张旧面孔便粉碎了他的幻象。

他对这张脸谈不上厌恶谈不上喜欢,即便几个月不见也谈不上想念。那晚两个人最终并排躺在床上,中间一道一尺来宽的楚河汉界,他没有出动卒子,她也没出兵,都在自己的地盘上挪动棋步,明明炮可以隔山打牛却按住不动,车可以长驱直入偏偏停滞不前,让别脚马跳来跳去。他也许嫌她身上脏了,她也许因为觉得他嫌她身上脏了,这盘棋在黑暗中一直下到深夜,双方均未折损一兵一将,胜负难定,直到一方发出轻微的鼾声,另一方也做出和棋的举动。

她偶尔想到自己那次短暂的激情,对他怀有愧疚:无论如何他蒙在鼓里,他头上戴了一顶有颜色的帽子浑然不觉。有几次她想跟他坦白,但担心坦白带来的伤害,又或者是源于内心深处的那点自私,她不想做一个有道德瑕疵的人。这是她做过的唯一不诚实的一件事。

凌晨她摸黑起床穿衣。她走到大路上时回头看了一眼,低矮的房子像动物一样趴着,窗户还是黑的,整个村庄都在睡梦中。他在黑窗后面看着她渐渐走远,像个监视者那样冷静沉着。这时候她还不知道用不了多久他会出事,而她的人生计划也会因为他的出事而改变。如果她果真像自己说的那样为自己活,她可以不管不顾,继续她崭新的生活与事业。夜里她其实没睡,她想了很多,但什么都没个眉目,也没什么决定。她本来就不是那种有板有眼的人,生活推着她往前走。

10

每到黄昏,吴爱香像戚念慈那样坐在太师椅上,两手平行放在椅子扶手上,两只脚浸在脚盆里相互搓来搓去,眼睛望着窗外,神色恬淡。春天一窗桃花,柳叶嫩绿遍山竹笋,鸟雀清脆的鸣叫声使时空特别清晰;秋天多数时间阴雨绵绵,冬天也是雨多晴少,不时大雪纷飞,天气陷进泥沼十天半月都不开颜 又落麻细细 村里回荡着戚念慈的声音。

吴爱香看着窗景,然而并不在乎天气因素,甚至像个盲人对所见毫无反应。她那张脸不像六十多岁的女人。女儿们的供养和十几年无忧无虑的日子使她增加了体重,脸上肤白多肉,越来越长得像戚念慈,尤其是坐在太师椅里的时候。外地的女儿不断给她寄东西回来,吃的用的穿的,她都整理收好,直到有人回来扔掉发霉的食品,衣服都是新的,她只爱穿那两件旧侧襟外衣。这时上初中的初秀胸脯刚刚鼓起,不懂生理知识,被自己身上源源不断的血吓得要命,躲在家里不敢出门,直到连续旷课两天之后,班主任老师家访才解决了这个问题。

初秀非常欣喜地接受了这一变化,开始迫切地想要变成电视里那样漂亮的女人,红嘴唇、高跟鞋、长发飘飘、亭亭玉立。有一回翻出一双高跟鞋穿了,用画笔描红嘴巴,挺起胸对着镜子照来照去,掠起齐刘海露出高高的额头,变换角度打量自己的脸,眼睛盯着眼睛,噘起嘴巴亲吻镜面。镜子是赖美丽的嫁妆,她生前经常坐在镜前梳头发,死后镜子里没再出现过任何女性,蒙了一层灰。初秀擦了擦镜面,同时也擦过了镜中人脸上的斑点,干净雪白的皮肤看得见青色血管。皮肤雪白是初家人的第二个特征,即便在夏天暴晒变黑了,也会很快恢复。

她将短发梳出中分边分几种不同发型,最后还原齐刘海,头发遮盖额头让她感到安全,好像把自己藏起来了。她这时十二岁,身高一米五五,此后身体到处膨胀,但没再继续长高。十六岁时她变成一个圆润丰腴胸脯雪白的性感少女,眼睛不大但黑亮有神,妩媚流转。她一进初三成绩就垮下来,数理化差得像坨屎,她不以为然,懒洋洋仿佛早早怀春耗尽了她的精力。先是喜欢一个男同学,整天胡思乱想,沉溺于酸甜的初恋滋味。身边无人管教,远方的亲戚鞭长莫及,于是她越来越像匹野母马。有人说她十四岁便丢失童贞,也有的说十五岁,她被一个会唱能弹的做道场的年轻法师在她父母的房间里把她变成了女人。

怪只怪那场法事做了三天,给了他们足够的时间在人群中相互发现、传情。人们注意到法事做到第二天晚上,道场先生又唱又跳屁股扭得欢快淫荡,像刚上岸的鱼。作为学徒的年轻男孩,这种灵活妖娆的动作充分证明了他在这一领域的表演天赋,跟舞台上的年轻歌星一样魅力四射。

从来没有一次道场会有这么多观众,且多数是妇女,她们出神地观看久久不散,多半是冲着他肉感妖媚的屁股去的,要命的是他还有青春俊美的脸与匀称的身材。他仿佛知道自己的吸引力,舞步灵活妖娆,透着巫气与癫狂,且充满勾引意味。当他每次跳转来扭过身体，便将略含笑意的目光抛向灵堂一角，人们看见那个方向里有初秀，毫无少女的羞涩，也不像妇女们故意隐藏内心的欲望。也许是因为忘我沉浸，她大胆地注视着舞者，眼神随他移动，对面的灯光照着她的眼睛闪闪发亮。她步入中年的父亲像一块锈铁紧盯着香烛之火，对这空气中飞舞的情欲毫无知觉。他从四五岁开始做香烛先生，对这一行已经熟稔到与香烛之间形成默契，他能从香烛光线的强弱中判断更换香烛的时间，他也能从一炷香散发的烟雾浓淡，知道几分钟后需要更换新香。此时的他已有身经百战胸前勋章累累的将军气度，人群从他的视野里淡化，他的眼前只浮现出死者和香烛，耳朵里只听得见丧乐和法事的演奏唱腔，不再需要司公子焦急地喊　香烛先生　香烛先生　因为他早已经抢在先前准备好了。

　　人们看不出这对父女有什么相似之处，无论是长相还是身材。人们甚至设想过有什么人替初来宝尽过丈夫的义务，这个世界总不缺乏这样的闲人，他们在暗中窥视，一旦有机会便无所顾忌地做了。又说初来宝说不定还是童男子，他那样子哪里懂得该戳什么地方。有些使坏的瞅机会掏一把他的裤裆，觉得那儿空空的没什么实物。人们总认为自己不带恶意的玩笑制造一点快乐对谁都好

　　来宝　看好你家闺女　莫被别人骗了　有人在他耳边说道。他耳朵扯动，眼睛盯着香烛或者香烛的上空。法事现场戏里戏外搅成一团。孝子们在指定的环节放声大哭，在指定的时间休息谈笑。他们像道具一样被使唤，半夜打着瞌睡，还要在法师设置的桌椅迷宫中被急锣紧鼓敲得猛追狂跑，同时要迅速掏出准备好的钞票扔进篮子里，那是给法师们的额外奖赏。这个环节是整个法事

的高潮，节奏到达顶峰，孝子们要掏空自己的口袋，好像性事中最后的释放。即便这样，年轻法师的目光仍然会抛向初秀那个角落，他对一切也是游刃有余，他的身体在那件太极图纹的黄色道袍中颤抖冲撞，像某种被困住的动物。人们看到初秀白牙咬着下嘴唇，侧脸斜匕，表情似挑逗似嗔怒似羞涩，很难准确描述。

半夜结束法事众人散尽。一只偷食的猫看见年轻人和初秀站在灯光阴影处说话，怪叫一声蹿上房梁俯下头仍警觉地盯着他们。很多人听见了猫的怪叫，只道是畜生发情。后来的半个月年轻人又来了两次，两个卧床等死的癌症病人相继死了，前后相差一个星期。这时他和村里人也熟络了，不单叫得出死者的名字，活的也认识了不少。他话多幽默性子随和对谁都笑，好像他是村子里的一员。有人要给他说媒才知道他结过婚因性格不合又离了，妇女们的胆子立刻大了起来，荤素的话无所顾忌。年轻人对付这些得心应手有分寸，表现既不下流也不古板，弄得妇女们十分愉悦。他总能轻易地看见初秀的身影，傻瓜都知道她那是故意在他的视野里，远远地影响他，她天生懂得怎么和妇女们竞争。年轻人并不是要占她便宜睡一觉放松放松，他是动了心正儿八经地想来场感情。事后他才知道初秀不想他派什么人来做媒提亲，嫁人的事情她想也没想过，当她感觉肌肤像火，她只不过是听从了一下身体的召唤，她总是没来由地感到身体的虚空，好像张开了巨大的黑洞。年轻人坚持了几个月想有所进展，初秀却不再搭理他，好像是集中精力准备考试，考得并不理想，最后是亲戚们凑够钱送进卫校，暂时安顿她的青春。

起先她经常回家，跟奶奶说些学校的事，她奶奶盯着她染蓝的头发,脑子里虽是迷迷糊糊的,但仍然知道在什么地方使用口头禅 是吗 那要得 初秀兴致勃勃说个不停,有时展示刚刚学会的街舞,张牙舞爪手脚抽筋哐唧一个大劈叉,惊得她奶奶从太师椅上站了起来 哎呀呀 冇绊蛮狠啵 你妈到哪里去了 也不来管一管你 初秀两手撑地身体倒立用手走了几步一个鹞子翻身 恩妈 我跟你说过多少遍你老也记不住 我妈死了无数百年*29了 她用的是不标准的普通话。对她来说语言就像一个新玩具,她总是有很大的热情玩弄它,她在那种腔调里找到的乐趣,就像发现身体里某个地方的新功能,她还会对村里人说普通话,不管别人什么表情,就像炫耀新衣服不管别人嫉不嫉妒。她的姑姑们一回到家乡就像脱去外套一样换下普通话,尽力保持原来的乡村特色,深恐有什么与周围不太谐调。她恰恰相反,她乐意披上洋气的外衣,让别人看到她身上的变化,感受她身上每一个毛孔迸发的热情活力。

  第二学期开学不久,村里人就不怎么看见她回来。她父亲也仍然像个流浪艺人四海为家。她奶奶像只黑猫,不分昼夜在屋里转来转去,人们要是隔一阵看不到她在屋门口出现,就担心她是不是尸体都发臭了。有几个她那一辈的老人经常打发儿媳妇给她送些吃的改善生活,腊鱼腊肉坛子菜甜酒糯米糕。过去吴爱香清醒时做这些东西好吃有名,邻居照她的样子做,味道就是不如她的,所以经常过来你抓一把,她弄一碗,她凭借这一门绝活与妇女们建立联系以及并不深厚的感情。初秀虽不算是吃百家饭穿百家衣长大,但乡村邻里都提供过很多的食物和帮助,人们不忍眼看着一个乖巧的小姑娘饥一餐饱一餐,衣服穿得上垮下耷,脏兮兮的像个收破烂的。今天这家给她洗脸,明天那家给她换衣,搔她胳肢窝弄得她咯咯直笑,每个人都喜欢逗她玩,家庭环境不但没有使她性格自卑反而自信开朗,全是拜良善的乡邻所赐。

二〇一五年某个暑假的黄昏,整整一个学期没回来的初秀再次露面。有人老远看见长堤上一个肥矮的女人向这边走来,身上罩着一条宽松的黄色连衣裙,风迎面吹得裙子裹出了肚子的形状,裙摆在身后飘扬,火焰闪耀,像战斗女神。陌生人进村,但凡没看明白这人是谁,村里人不会轻易挪开目光,他们会一直盯着,思忖着这人是谁家亲戚,是来报喜的还是报丧的——平日到村里来的人大多只有这两个原因。

有人说来的像初秀,但立刻被否认 初秀还在上学 十六七岁的姑娘怎么会这副样子 直到来者慢慢走近面目渐渐清晰,眼尖的突然惊呼一声 噢 初秀 真的是初秀 于是所有人哑口无言,直瞪瞪地望着她那与天真稚嫩的面部很不谐调的大肚子。他们还看见她的表情,好像只是化装成一个孕妇,那沉甸甸的玩意儿没带给她任何负担,嘴里似乎还嚼着口香糖,因为她噗的一声,朝地上吐出了一团东西,若无其事地跟她们打招呼

张伯母 刘婶婶 你们在看什么热闹 不会是在这儿专门迎接我的吧 她说完自己先笑了一通

初秀啊 我们看了半天都不知道是你 好久没回来 你这是……胖了吗

跟胖了差不多 原来的衣服都穿不下了 咯咯咯咯

你一个人回来的啊

嗯哪 我次次都是一个人回来的嘛 不需要保驾护航的

说话间初秀已走到她们中间,像一只母鸡被小鸡们团团围住,紧接着小鸡们就寸步不离地跟着母鸡一路回了家——小鸡们有太多困惑 这是怎么回事 什么都没听说 不声不响地就这样了 男的是什么人 街上的还是乡里的 年纪大还是小 长得好不好 有没有钱 整个事件中那么多关键要素一条都没掌握,简直像是明明看见脸上有一个熟了的青春痘却不去挤掉它,心里会一直痒痒的,而且一旦告诉别人,除了描述初秀的大肚子,她们一问三不知,未免让人笑话,弄不好还要挨一顿奚落。

没过多久,乡邻闻风而动,陆续来到初家的老屋台子上看个究竟。那天人们最担心的是自己的记忆力出了问题,不知道是不是喝过了初秀的出嫁酒,怕染上了集体失忆的传染病,早几十年前总是会有关于传染病的谣言,有记忆的人总会莫名惶恐,害怕真的发生。他们想亲耳听初秀自己说说,她是不是结了婚办了喜酒,哪年哪月哪日过的门,那男的他们是不是见过。他们还想跟她说,倒退三十年,哪个女的要是没结婚肚子大起来,出嫁那天是要用布缠紧藏起来的,再往后倒几十年会要浸猪笼。

他们很快如愿以偿,知道初秀没有结婚,跟一个社会青年好过,肚子像西瓜时才知道怀了孕,而她早就离开了社会青年,连分手都谈不上。她甚至不知道他的家庭住址,他当时的工作是舞美灯光师,她参加街舞比赛时认识的,也可能不是真正的灯光师,只是一个跑龙套的伙计,这一点她不在乎没细问,所以她其实不那么了解他。他长得像那个做法事的年轻人,这是她动心的原因,他跳舞时屁股扭圈扭得比谁都饱满,做起那种事来也是灵活多样——她从他那儿学到了69式,这大约是她唯一记住的事情。

听说对方连男朋友都不是,人们脑子里迅速诞生新的疑问,她一个人大着肚子怎么办。

担心吴爱香病情加重,初月夫妇已接她过去住。按道理是由姐妹各家轮班,但只有初月家有条件。王阳冥和初月并不和其他人计较,他认为每一个人都应该像独生子女一样将自己视为母亲唯一的依靠,那些子女越多老人越没人管的现象,就是把老人的爱切割的结果,不能因为家里有几兄妹,自己就只尽几分之一责任,应该在任何时候都尽百分百的孝心,回报父母的养育之恩。他们把吴爱香安排在一楼阳光充足的房间,经常带她去外面呼吸新鲜空气,陪她说话,不管她听不听得懂。

初秀回来后才知道奶奶去了月姑家。那是十公里外的另一个村庄。他们家边上那条宽阔的大河,船在河里来来往往,她最爱听船鸣响汽笛的声音,还有它喷着白雾嘭嘭嘭嘭慢慢驶过的景象。她小时候大喊大叫对着船使劲挥手,偶尔会有船上的人挥手回应。她自己的村庄只有一条污染了的小河,一些臭肠似的缠绕村庄的黑水沟。尽管姑姑们总说屋边的小河过去有多么美丽清澈,她们在那条河里游泳洗衣挑水做饭,她却无法退到她们的年代共同见证,因此也无法想象,于是没有共鸣。她们描述的十里荷塘菱角铺满水面的景象,简直就是货真价实的谎言,没有哪一处残迹可以表明某些事物先前的确存在过。历史被覆盖,就像电脑被格式化一样,再也找不出一个旧文件来。

人们说她奶奶的情况不好,老年痴呆小脑萎缩。但这些都只是闲话,像运动员进场前的热身动作,是比赛前的润滑剂,当气氛

比较融洽之时,他们要进一步问出一个终极问题 她打算怎么处理肚子里的孩子

个把小时后人们散开了,因为初秀自己也没有主意,她是回来想办法的。人们严肃地认为她只有两条路可走 要么生下来 要么打掉 个别保守悲观的人补充了两条 要么赶紧结婚 要么死 人们对私生子的态度还不是那么乐观。但初秀明确表示,嫁人和死都不在她的考虑范围之内,她也不想打掉,这种残忍的事情她做不出来 总会有个妥当安排的 她笑眯眯地安慰人们,好像面临困境的是他们,而不是她。

人们在离开的路上议论纷纷。有人认为发生这种事情,怎么也妥当不了,打掉残忍,把孩子生下来也是残忍,难道要让孩子像初秀一样吃百家饭穿百家衣?现在比不得十几年前,村里无人居住的空屋已占半数,那些去了城里工作的人,在城里买了房,连春节都不回来过了,房屋门窗发了烂,荒草长到了阶基上,哪里还有闲人来替别人抱娃喂饭擦手洗脸?人们操碎了心,想破了脑壳,也没有替她找到一个 妥当 的方法。

发生了这么大的事情,初秀脸上看不到惊慌、担忧、羞耻和恐惧,甚至怀孕也没有改变她的肤色,看起来仍旧结实有弹性,白里透红。人们开始觉得她的行为有别于常人,会不会从初来宝那儿继承了什么不好的东西,比如某根神经搭错线短了路 傻人有傻福 那只是宽慰笨蛋的话。

人们想了几天几夜,有个心思细密的人提到了她远在北京上海的大龄姑姑们,感觉终于想到了 妥当 的办法,于是眼巴巴盼着初秀的远亲归来拍板。

11

老四初雪三十三岁发生的那件事情,几乎没人知道,她连写日记都没提起过,更没人亲耳听她说起,除了那些医生——她不得不面对他们告诉他们请他们帮她解决　问题　——是的　问题　事后多年,只要一想起这个　问题　她心里就一阵疼痛,那根刺长在心头,当心颤抖时就频频深扎。那个　问题　对绝大多数人来说都不是问题,是好事,甚至是波及整个家族的大喜事。但原本是不成问题的问题,发生在不恰当的时期就成了　问题

二〇〇三年对初雪来说是个悲喜交加的年份。这一年非典传染病结束,她也博士毕业留校任教,成为大学教师,长了多年的树终于结了好果子——她甚至被列为励志榜样。这些村里人都知道。首先是她暑假带回来大学任教的好消息,不久人们又在电视上看到她谈自己的奋斗历程,已经是一副学者的样子,说的话他们也不全懂,越是不懂越觉得她厉害。

人们准备随时表扬和鼓励那些爬树掏鸟窝的小丫头,因为她将来肯定会跟初家四丫头一样有出息。但这时鸟类稀少,树上已经没有什么巢,偶尔一个筑在很高的树上,似乎知道怎么躲避危险的人类。鸟类也得感谢手机和电子游戏,因为新鲜的科技产品,孩子们失去对自然和动物的兴趣,人们再也没有见过上树的小丫头。

初老师　能不能跟电视机前的观众聊一聊你的童年生活

我们那儿是湖区　夏天十里荷花九里红　还有小河围绕村庄　长堤护河　河里有白帆船坡上有浅青草　可惜那时太穷　没有相机拍下照片　那时湖里河里塘里沟里的水　都是清澈见底的　看得见鱼虾游动　想吃就下水掏摸捕捞　鱼肉都是清甜的

我家屋后面有一片丘陵　小时候觉得那是一片很大的森林　可能是因为人小腿短的缘故　林子里有野兔子山鸡野果　数不清的蘑菇　有的品种毒性很大

我听说过你经常爬树　是这样吗

是的　我爬树掏鸟窝　但我从不毁坏鸟蛋　不伤害幼鸟　有时候抓了虫子喂给它们　我七八岁的时候还放过牛　骑过牛　我至今还记得牛啃吃青草的声音　嚓　嚓　嚓　嚓　节奏稳定　鼻子里闻到的都是草香味　那时候农村还是集体经济　因为我父亲刚去世不久　我是爱放牛　我们家七个小孩　我第四　大姐是家里的顶梁柱　她干的是男人的活因为我们家没有劳动力

你怀念乡村童年吗　很多人谈到故乡　都感伤故乡沦陷了　回不去了　昔日诗情画意的乡村消失了　商业垃圾填满了清水沟　水泥路铺到家门口　金钱腐蚀了纯朴人心等等等等　现在你对故乡是什么感觉　是不是还能从中找到一点童年的记忆

费孝通先生七十年前提出　乡土重建　的命题　到今天还没有完成　你刚刚谈到的这些是很多人共同的感受　暮气沉沉的村庄　没有娃娃的嬉笑打闹　路上连一个人影都很难见到　很多人建了房子　人在城里居住生活　有的人干脆任旧屋烂塌　那些空屋烂屋挂满蜘蛛网的窗口　在白天都黑洞洞的有点恐怖　老一辈

劳动终生　逐渐归了黄土　因为环境污染　几乎没有自然死亡的　田地里的坟墓越来越多　人们总是宗教式地寄希望于后辈　但小青年的情形并不乐观　因为他们丧失了吃苦耐劳的品性　总想走捷径弄到什么东西　落叶归根良性循环的乡村　人口越来越少　但凡在城里过得下去的　极少有人愿意重回乡村　更可惜的是　一些传统的良风美俗也荡然无存了　多数是为了钱的问题离心反目　两性关系混乱　家庭的大厦开始摇晃　教育　医疗养老的情形也亟须改观

　　这些问题够沉重的　你还有哪些亲戚留在故乡　他们自己对这种变化是什么感觉

　　家里还有我母亲　她是那种洪水来了也不会抛下老屋离开的　还有一个小侄女　她还没有能力对这个世界发表看法　有些人只是看着世界变　但自己不变或被动改变　有些人顺应时势主动接受新事物　情感模式不同　人际关系也呈现淡漠　费孝通先生说他初次出国　他的奶奶用红纸包了一包灶上的泥土　如果水土不服或者想家　就用这土煮点汤水吃　《西游记》里　唐僧出发时　唐王在送别的酒杯里放上一点土　宁爱本乡一捻土勿恋他国万两金　这种对家乡泥土的眷恋文化　或者情怀　基本上也消失了　因为故乡可留恋的事物都已经成了过去

　　以上是电视节目的部分内容,在初雪　问题　发生之后第五个年头的一个访谈,也就是二〇〇八年北京举办奥运会的那年,她三十八岁。人们除了看到她颈部不能遮掩的细皱,还看到她单眼皮眼睛里有一股拧得出水的忧郁。人们认定她不快乐,并且不快乐是因为她这么大了还没有生孩子，暗自着急。

她在三十五岁上下匆匆忙忙地结过一次婚，又匆匆忙忙地离了，好像身上受了伤，随便弄点草药敷了，发现不起作用只好扔了。连她母亲都没见过那个女婿，她没带回来过。人们知道她结婚的事，也是她自己散播的，像是有意要让村里人知道她不是老处女了。她眼里的那种色调也许是天生的，并不是为了什么的缘故。有人留意过在她长成少女不再爬树之后，她的眼睛就变得那么幽深沉静，她从来没有少女的绚烂，一朵花从没开放，一粒种子从没发芽。

离婚也是她自己说出来的。人们知道那个人是另一所大学的教授，略大两岁，上海人，在外人看来是极为般配的一对。老话早说了婚姻是鞋，穿在脚上漂亮的不一定舒服，新鞋子还打脚，痛起来寸步难行，人们嘲笑鲜花插在牛粪上，但牛粪却让鲜花越开越美。人们猜测那个上海教授有什么毛病，比如虐待狂、抑郁症，或者其他见不得人的怪癖，如果女方正常的话，问题肯定出在男方。但对于一桩当事人都已遗忘的婚姻，外人再继续揣测，也是枉费心思。这段婚姻只维持了一年多，双方和平分手，分手后仍然是朋友——这再次让人们困惑不解，因为村里人离婚，有的鸡飞狗跳反目成仇，拉拢子女与父母一方为敌，并与那方的亲戚断绝关系。一个五十岁的男人在镇里打工与另一个女人好了，净身出户，其妻还不解恨，发动三个子女与前夫为敌，甚至前夫的母亲去世，都不让儿女们回来奔丧，简直像血海深仇。这女人过去被丈夫揍得苦，子女长大后为她撑腰占强势上风。据说离婚后那上海教授还是爱着初雪，好像等了她几年，她没有回心转意，他再婚时她还去喝了喜酒，送了

祝福。人们对初雪的这一行为更加不解

　　他们文化人的事情　我们真是搞不懂　去喝前夫的喜酒　想一想都挺尴尬的哩

　　所有事情都是初雪自己说出来的,由她那个嫁在本村的初中女同学在村里广泛传播。人们对她的了解就是这些,她想让人们知道多少就是多少,至于那个严重的　问题　她没有告诉她的初中女同学,谁也不知道这回事。直到过了很多年,她在一次关于妇女主题的演讲上谈到女性权利时,说到了这个几乎要了她性命的　问题　那时独生子女时代已经结束,二胎政策早已铺开,政府鼓励生育,关于超生和私生的处罚惩罚减轻了许多,但她已经错失了机会,她援引自己的创痛经历,说哭了很多女人。

　　现在正式回到　问题　上来。生活不是一加一等于二这么清晰简单。初雪留校执教的第三个月突然发现自己怀孕了。虽然她并没有想过生孩子,与那个男人结婚纯粹是出于彼此喜欢。最开始知道他有家室时她就没有退却,任感情自由发展,她从不要求对方离婚,也没给他施加任何压力。她品尝到了爱情,但结的是苦果。那人姓夏,搞文化研究,出过著作,四十出头的年纪。都在上海但并不经常见面,因为夏先生妻子忙于事业,他要接送女儿参加补习班,学钢琴,辅导作业。也就是说他们相聚的次数不多,也没有一起睡过一个完整的晚上。

　　像大多数偷情的已婚男人一样,夏先生心里是安了闹钟的,到点就响。正如大冬天瞌睡未醒,却需要起床上班的人听到第一次响铃时,通常会按掉闹铃再睡几分钟,等它再响再按,如此反复几次,最终不得不爬起来离开。这样难舍难分一面表达出缠绵情意,一面显示诸多的迫不得已。她理解他,她也吃惊于自己的宽容温顺,在过去谈过的所谓恋爱里,她还从没有散发过这样的母性光辉。

夏先生和她有几分相像,都是单眼皮挺鼻梁戴无框眼镜,他性情温和看人待物都像对历史般尊重,这缘于他自小的家庭教养,以及后来的教育背景和学术研究,这不是急性子能做的。也许是工作磨炼改变了他的性情,也许他天性温和,他总能理解别人。也就是说他从不强求别人按照他的思维方式思考,和这种人相处通常会感觉愉悦舒畅,再加上他有大量的知识储备,能使时间变得趣味横生。初雪和他在一起慢慢有些柔软与妩媚。

她是在他们持续了七个月之后怀孕的。他们见面稀少,有非典的原因。当时上海的情况并不严重,但也有隔离、关卡、戒严等措施。正是这种死神在天空窥视的紧张气氛催使他们的感情比正常时期更激烈旺盛 如果不是考虑到孩子 我愿意和你一起面对生死 他这么说过。人格外善于煽情与自我感动,在某种想象的危机中夸大自己的爱与勇气,听的人更是为之战栗。所以后来回想起来,她也说不清楚那段爱情到底真不真实,既然真实,为什么结局那么惨烈;要是虚幻,为什么她要感觉到人生有了夏先生之后,才焕发出真正的青春神采,他也像被点着了一样,只管噼噼啪啪地燃烧。

她了解了政策以及违反政策的处理办法,过去学校曾有人违反政策被开除公职。生育是以夫妻为前提,法律并不支持非婚生子,不结婚就没有生育权利。如果失去刚刚获得的工作,便没有能力抚养孩子。她知道可以花钱随便找个人登记假结婚。她不愿意她和夏先生的孩子还没出生就像个难民一样需要避难,过早地蒙上一股凄凉。她胆子大的时候,是因为单枪匹马无所顾忌,怀孕使她变得胆小与怯懦。

她捏着医院B超单看了很久,想了很久,最终觉得至少应该与夏先生谈一谈——看在爱情的分上。

过了一周,他们在咖啡厅见了面,一个小时后他要去参加一个文化活动,他要发言。也许是因为胎儿的缘故,她忽然感觉他和她之间的关系发生了改变,以往每次见他都满身欲望,并且必然要在一个方便的地方释放。这一次却十分平静,好像老夫老妻。在他喝下第三口咖啡之后,她开始切入正题

有件事情 我不知道怎么办 这个事是好事 也是坏事 说简单也简单 说复杂也复杂

讲来听听 他漂洋过海捉住她的手

我想自己抚养 但是我很可能因此丢掉工作 失去经济来源 所有的努力会因这次处分化为灰烬

你说什么 我没听明白

我怀孕了

不可能吧 他有点惊慌

她把检查单给他看,指了指图片上的小黑点。这个小黑点,就是他和她的孩子,听起来很不现实。

我并不想打扰你 她说 我只是不知道怎么办 也许你有好的主意

他摘了眼镜,再戴上。望着小黑点沉默不语。

她也没有打破他的安静。什么东西在慢慢凝固。也许是空

气。因为两人都有窒息感。

解决一个问题　就解决了所有的问题　他说。以他惯有的学者语气,学术讨论发言的腔调。

你说的我也没听明白　她说

做掉　他做了一个手势　你的事业才刚刚开始

我已经三十三岁了　她说

我妈生我的时候已经四十三了　他说　你非常健康　健康女人的生育力　可以持续到五十岁左右

她沉默。眼睛盯着他的喉结。她喜欢亲吻那里。那里也是他的敏感处。但现在那喉结成了黑点。那黑点还在跳动。

你还很年轻　事业刚刚稳定　需要掌握教学工作　接下来评职称　长江学者　你一路披荆斩棘　不能半途而废

她认为他说得有道理,只不过这些道理由一个错误的人在错误的时刻说出来,就不是道理,而是伪善。

我已经三十三岁了　她又说了一遍

这时他看了一下腕表　别被这些小事情绊住　他说　我一直相信你会取得非常大的成就　不要丢了你的野心

我先去开会　他说过务必慎重考虑之后,在她额头上亲吻了一下转身离开。

这便是她和他唯一面对面进行的一次仓促交谈。他称之为小事情　她没有再找他。他也没有问起。好像那次见面,他对她的那番劝慰表示他已经尽了一个好朋友的情分。游戏是她心甘情愿参与的,他并没有隐瞒他的真实情况,出了一个这样的　问题

她承认是自己的责任,子宫长在她身上,而不是男人那儿,她自

己应该保护好子宫的安全,没有道理让他来承担子宫的责任,因为他的本意是令她快乐或彼此愉悦,错误在于她是子宫携带者,却没将其保管好。

她有几天静静面对自己的时间。有些东西碎裂了。也有一死的念头闪过。他们的爱情——她觉得他们是那么情投意合性事美满——被一个小黑点瓦解了。同时另外有些人正在将小黑点描绘成爱情的结晶,他们为此欢欣雀跃举家欢庆。还有些人为了这个小黑点,正在寻医求药,或者不惜重金租借子宫。

当然她不会死掉,死是真正的懦弱,那只是走投无路的人想用最后的一个行动唤醒别人,报复别人,惩罚别人。她既不想唤醒他,也不想报复惩罚他,她真的觉得这完完全全是自己的事,只不过她需要厘清思绪,重新审视这个小黑点以及自己的情感与生活。她想过如果能保住工作她愿意留住小黑点,她对它的期待超出自己的预料,她原本以为自己对孩子没兴趣,那些随时一裤裆屎尿的哭闹的小东西会把人的生活搞得一团糟。他们也可能生病、早夭、受伤、跌倒,让生活徒增痛苦的各种因素——她也愿意承担了,不觉得是问题了,她甚至盼着那个小东西到她的生活中来捣乱。

她并没有拖延太久。新学期开始她的确有太多的工作要处理,小黑点被自动排到边缘位置,只在一天停下手来的时候,她才猛然想起它。它在生活中占据的空间越来越小,甚至从她的心理上也一样,一贯努力向前的那股劲头冲淡了小黑点,她明白现在的确不是生孩子的时候。夏先生说的话没什么错,但作为当事人之一,他说些别的也许更好。她并没有怪罪他的意思。他那张嘴巴有说任何话的自由权利,即便他那么说只是为了保护自己的家庭,保护家庭可不是什么坏事。她始终这么替他想,替他分辩。就这样,有一天她趁着没课心平气和地去医院解决　问题　就像得了感冒或者鼻炎。挂号时里面的人粗声粗气问她挂什么科,她忘了上次来检查挂的什么科,她是第一次发生这种事情,她甚至说不出那个充满血腥味的医学术语　堕胎

医生说　胎儿很好　你年纪也不小了　要不要再考虑考虑

考虑清楚了　拿掉　听到这个冰冷的声音,她自己都吃一惊

好多人想怀都怀不上　你这怀了却不要　医生摇摇头

我今天就是来解决　问题　的　她急促地打断医生的话,希望她不要过于好心,她已经说得让她心里难受起来了。

两小时后,她带着空空荡荡的身体飘出医院大门,如释重负,好像是悲从中来,松口气却变成叹息。回到学校的时候,她完全平静了,来往的年轻学生和静美的校园像一只温柔的手掌贴在她冰凉的胸口　我差点毁了这些　她想。同时看到夏先生的电话,像得到了这个消息似的

你好　她说

工作怎么样　带学生压力大不大

挺好的　就是比较忙　她回答

你身体还好吧

很好

他没有直接问及那件事。她也没说。她感觉他在电话里竖起耳朵,努力倾听她这边的一切,似乎可以找到他要的答案。彼时几

个男学生哼着歌从她身边经过。体育场吹来比赛的哨声。啦啦队呼声四起。高高的胡杨树叶子哗啦啦响。好几次她以为他要问出那句话

　　问题解决了吗

　　别担心　　那是我的事　　这便是她将会给出的答案

　　他们的感情关系在她告知怀孕以后戛然而止。小黑点超出了爱情戏的范围,是多余的,他像一个导演那样要求她拿掉这个小角色,他忘了她是制片人,决定权在她这里,她甚至可连导演都换掉。她没有流露出任何关于小黑点的信息,以及如何处置他的意向,就像他们之间不存在那回事一样。这时候她尝到了一点快意,像刀尖一样冰冷,然而她真的感到愉悦。她永远都不会告诉他这个处理结果,再过一阵她将拒接他的来电。小黑点会不会在他的头脑里渐渐长大,会不会长成一团黑影覆盖他窗口的阳光,夜晚在他睡觉的时候像梦一般压住他的胸口？她不管。那是他的事情。每个人都有自己承担的部分,即便是虚空。

　　他们断了联系。她实在想不出任何继续下去的理由,也许他也一样。无声的小黑点是一个终止符。她偶尔会在网络上看到他的消息、访谈、照片、新著,他的生活并没有受小黑点影响。她注意到他喜欢在访谈中说　我的妻子　有时还会放上他和妻子的合影。从前他没这么做过。

　　她过了一段非常孤独的日子,灰暗且细雨绵绵。她的痛苦是后来慢慢呈现的,好像溺水者尸体过了几天才浮出水面,体积膨胀了好多倍。有时候她在讲课,讲着讲着就会难过起来。走在路上也会莫名地伤感。她忽然觉得疲惫,不像过去那样总有不歇的斗

志,老了许多。这时候她才知道自己对他是多么倾心,她曾经认为一生中那么燃烧一次无怨无悔才算得上爱过活过。现在她不是后悔,只是在修正过去的观点。如果爱和痛不能割离,她情愿不爱,因为痛比爱更深刻更漫长,就像生长与发芽的关系。

她不知道什么时候能真正结束一切。她时常想 如果政策允许 所谓问题 就不是任何问题 到后来她已经忘了夏先生的话,忘了他这个人,忘了她对他如何倾心,转而思考关于女人的基本权利,在同样的制度背景下,一定还有很多女人同样做出了迫不得已的选择,一定还有女人仇恨那个在她子宫内播下种子却拒绝果实的男人。也就是那件事过去一年之后,她随便嫁了一个人,没办酒席,没有婚礼,甚至连婚戒都没戴热就摘了下来。她做了一件不少女人做过的蠢事,幻想嫁个人会改变局面,结果弄得更糟。她很快就离了。

结婚不能改变局面,但一结一离就彻底改变了生活结构与心态。她什么也不想了,将所有的精力投入教育事业,三十八岁那年评杰出教师,和一个小两岁的财经主笔结了婚,感情稳定。双方身体正常,但她一直没能怀孕。她暗自将这视为报应。财经主笔的态度是顺其自然,有便有,没有也无所谓,他和她都能把日子过好。财经主笔不是独生子,他的哥哥已经完成了传宗接代的任务,因此也没有来自家族方面的压力。这些是财经主笔亲口对她说的。他也在外面称她为 我的妻子 她曾经希望夏先生将 我的妻子 这顶花冠戴在她头上,她的财经主笔丈夫完整地填补了那片虚空,并且满溢出来。她后来辞职画画,画的与女性有关,身体和器官,在或灰暗或鲜红的背景中呈献不同的状态。艺术界评价她为女性主义画家,将她比作墨西哥女画家弗里达,因为她们的画里表达出某种相似的痛苦。

当她超过四十二岁仍然没有生育时,人们开始替她着急。城里的人推荐不孕不育名医,村里人推荐草药偏方还有观音庙。她和财经主笔丈夫一概谢过,他们决定做丁克夫妻。于是人们便不好意思再操心了。但村里人又有种言论,说初安运的坟址并不是真的好 瞧瞧他们家 傻的傻 死的死 该生育的没生育 不该生育的挺着肚 该结婚的没结婚 结了婚的闹离婚

12

这些天人们看见初秀挺着肚子,衣服少得仅遮住了该遮的地方,摇着一把京剧脸谱纸扇直喊热死人了,好像她是一个初来乍到的人水土不服。人们盯着她的肚子和她带着婴儿肥的脸,看她不以为然到处招摇,连思想最开放的那几个人都觉得她过了头,应当收敛一点,不过是怀上了无主的野种,没有什么光彩的。

她无忧无虑不当回事,嚼着口香糖,捡石子扔向湖里的鸭子,还弄根长竹竿套白塑料袋,仰着脑袋寻找知了。这使人们觉得自己派不上用场,他们的同情、怜悯心、乐于助人的善意,以及温暖的乡邻情感统统都憋在心里,一丝都释放不出来。

大家都记得,那一年村里的李家二姑娘谈恋爱出了事,忽然神志错乱语无伦次,两眼恐惧好像看见了鬼,见不得水和光,头几个

小时人们将李家围得水泄不通,献计献策,包括给她灌煤灌粪的偏方。半夜还有人轮班守着她,第二天来看望的人也挤满了房间。在李家二姑娘清醒的时候,赶紧给她讲人生道理,做人要看得开看长远,还举例佐证。这期间全村人的精力心思全扑在李家二姑娘身上,几至茶饭不思,村人在路上见面便问二姑娘怎么样了,有些人不是在二姑娘身边,便是在去看二姑娘的路上。有爱办实事的人亲自去请来了通灵的巫婆为她画符念咒,人们认为二姑娘是个好姑娘,都等着看好姑娘的好下场而不是这种结果。半个月后,仍然有不少人吃了饭就来看二姑娘,她身边还有六七个人在为她忙这忙那。事情由春天到了秋天,经过整个夏季,人们才接受了二姑娘的事实,因为她总说些成仙得道的胡话,摊开手臂在田野里飞,人们便给了她一个绰号 二仙女 二仙女这样疯癫了两年,有天夜里掉进湖里淹死了。有人说她是投湖自杀,因为她自小就会游泳。

这时提起二仙女的事情,只是为了说明人们多么热爱周围的事物,他们简直是把热情良善当诱饵来垂钓别人的不幸,两眼鱼钩一般闪着银光。

不光这样,人们经常听到初秀唱歌,戴着耳机,有时在自家地坪上,有时在孤寂辽阔荒芜的田野里。歌录下来从手机里播放,还配了音乐。人们后来才知道她用了一个网络K歌软件。没几天村子里日夜都有人唱手机卡拉OK,在入夜静得瘆人伸手不见五指的乡村黑夜,那些唱破了走调了的唱腔惊得笼子里睡熟了的鸡都扑打翅膀,发出阵阵骚乱,夜鸟从树林里飞出来,落到更安静的地方。

人们的嗓门第一次与音乐扯上关系,打破羞涩后恨不得用唱歌替代说话。走在路上嘴巴都不闲着,唱着唱着走过了头,唱着唱着把茄子当辣椒,唱着唱着有的女人吃醋了,因为老公和别的女人在网上合唱情歌,献花献吻,虽说是虚拟的情境,一辈子都见不着面,但这种事光想想就受不了。于是村里男人的手机开始出问题,烂的烂,修的修,有的换了好几回屏幕,不是女的摔就是男的砸,新事物惹得夫妻吵架打架,一向平静的生活有了波动。吵得厉害的,翻出陈年旧账闹起离婚来。有些女人暗自责怪初秀 要不是这个怀了野种的家伙把手机卡拉OK带进村里 我们过得好好的 什么事也没有

　　初秀一点都不生气。她就是什么都不在乎,只爱自己,出点汗就洗澡,身上又白又干净,脸上英气逼人。有人说她也是那种君子报仇十年不晚的人,像戚念慈样那不动声色。但是也有人表示,这么说一个十六七岁的小姑娘,未免用语过重,她还是个小女孩,看眼睛就知道她心地单纯,哪有那么多成年人的心思诡计。多数人是站在初秀这边为她说话的,即便她怀着一个没有父亲的孩子,等待她的不是家法,而是整个家族的关心与帮助,再过两天她的亲戚们按照约定的时间回来碰面,一起商榷,处理问题,他们破旧、清冷的老屋里将再一次热闹起来。

　　盛夏酷暑,天都黑了,蝉还在一声声嘶鸣。初秀四仰八叉地躺在凉席上,像一只怪昆虫。从她这儿学到了手机游戏的女人烧煳了饭菜,一个还烧穿了锅底,正在挨男人的骂。初秀听着从中取乐。她爱看乡村夫妻吵架,看醉鬼撒酒疯,看暴雨怎么冲走来不及收起来的稻谷,无所事事地等着亲戚们回来。

　　初云第一个到家。她已经发福。谁都知道她与阉鸡师傅两地

分居,夫妻关系已经名存实亡。她看上去自足健康,人们知道她攒了些钱,资助儿子买房,替女儿买车首付,她为自己活的概念就是自己挣钱给儿孙花——孙子已经有了,儿子正在计划生二胎。她没有去带孙子,因为儿媳妇更乐意和自己的母亲住在一起。阎燕嫁了人做了母亲,也没有叫她去带孩子,她的婆婆手脚麻利包揽了一切。她婆婆是个厉害角色,起先她儿子几次要结婚,她都挡回去了。周围到处都是儿媳妇娶进门怀不上孩子的,她不想遇上那种烦心事,姑娘的肚子一天不鼓起来,她就一天也别想嫁过来。所有的婆婆们好像开了会一样,姑娘肚子不怀上就不收进门,很快形成了风气,所以到处都是买一送一的大肚子新娘,偶有瘪着肚子过门的新娘反倒奇怪,惹人指指点点,姑娘自己和娘家人都有点抬不起头来。阎燕从学校里学了几句哑巴英语,到大地方不够用,回到小地方没有用,还不如参加一个短期培训出来当礼仪小姐的。她自己也没什么想法,在村里待了一阵,和父亲处不来,他酗酒后鞭打牲口,打得牢里的猪嗷嗷叫,大声骂 看我怎么骗了你 说完真的转身去拿他的那套明晃晃的器具,找半天想起早就卖给收废品的了。

　　阎燕去城里找工作,跟她母亲挤在一起。家政圈的女人们看阎燕是个好姑娘没什么毛病,便给她介绍对象,最后她相中一个在城里做快餐生意的乡下小伙。小伙起早贪黑忙得脚打后脑勺,也急着要信得过的人手帮忙,虽说不必懂英语,至少得有点文化,账目清楚,懂点管理。两人对上眼后就按风俗先订了婚,阎燕就留在店里收账,有时也帮忙打盒饭,小店打了润滑油似的这才运转顺利起来。阎燕像她母亲一样老实,账目一清二楚,一分不贪,两个人同吃同宿感情不错,过了半年快餐小伙子打算结婚。快餐老娘问阎燕,做那事儿的时候有没有采取什么预防措施。长辈跟晚辈这么直白地聊性生活也是罕见。阎燕摇摇头有点不好意思,因为此前她没谈过恋爱,她全部的两性经验都是快餐小伙给的。她和快餐小伙一心扑在生意上,既没想过生孩子,也没顾得上采取什么措施。年轻人哪有那么多周密计划,无非是兵来将挡水来土掩。可是一起睡了半年,兵也没到水也没来,阎燕的身体没有任何变化。又过三个月还是没有动静。于是快餐老娘将婚事一挡再挡,最后放出敞亮话

什么时候怀上　什么时候结婚

阎燕的母亲着急了,去和快餐老娘论理,说自己的闺女健健康康没有任何毛病,月事正常,连痛经都没有过。

她以前怀过孕吗　快餐老娘问

这叫什么什么话　我家阎燕清清白白　恋爱都没谈过　阎燕母亲回答

那是两回事　有的是没谈过恋爱怀了孕的

我闺女干干净净　没谈过恋爱也没怀过孕

怕就怕干干净净　这可不是什么好兆头

是两个人的事　原因也不一定出在女方

问题一定就在女方　快餐老娘也急了　我儿子什么毛病也没　去年还让一个姑娘怀了孕但两人感情不好最终分了手　这是活生生的证据

阎燕母亲听到这个便低了头。翌日带阎燕去医院,全面孕检一切正常,把结果呈给了快餐老娘。后者仍然坚持原意。又过了

八个月,阎燕有了动静,怀孕五六个月的时候才办了喜酒。子宫在婚嫁中的重要性似乎比从前更明显了。有些婆婆原本一直反对儿子喜欢的姑娘,一听说姑娘怀了孕,态度立刻转变,马上办酒结婚 我的孙子我当然要

不用看顾小孩,初云轻松了,但也孤单。她是顶愿意去搭把手的。年纪大了不被儿孙需要的时候可能有点老朽无用的悲观,要不是家政圈有些聊得来的妇女有空一起跳跳广场舞,她都不知道怎么打发工作以外的时间。做饭越熟悉,需要准备的时间越少越不费神。她把孙子抱出来没多久便被召回去,儿媳妇怕她把小孩带坏了,两岁就要背唐诗,写写画画,这样的学前教育乡下奶奶无法胜任。所以她去看孙子就像探监一样,把吃的玩的留下来,说不了几句就走了。

初云带了些菜来,放下东西就开始做饭。屋子里久不住人,有股寂寞的尘土味。她什么也没问,首先给初秀做了一锅滋补鸡汤,香气飘了一屋,好像她肯定这胎儿必定是要留下来的,到时候她就是名副其实的姑奶奶。

王阳冥第二个来到,他和初月平时是秤不离砣,但初月要留在家里照顾母亲,他只能单独前来。他也什么都没问,只是找些年轻人的话题,和初秀聊东聊西。

外面蝉声叫得急躁尖锐。蝉音刚落半,初冰就到了,就像是这蝉声催生出来的。她连夜从广州赶回来。这些年她的事情多得可以写一本书。她还是娇小,眉眼妖媚,嘴唇涂成玫红色,一边说高铁上的盒饭又贵又难吃,一边将袋子里的龙眼荔枝拿出来摆在

桌上。

初秀手指灵活地剥荔枝。

这时,乡邻煞有介事地在门口来来回回,有的去园里摘菜,有的去小卖部打酱油,从初家门口经过时,放慢脚步耳朵张开,假装无意地往屋里瞟看几眼,被喊住请进来吃荔枝时,便有点脸红心慌。

晚饭时分,能来的人都到齐了,初雪和财经主笔两个人穿着蓝色休闲情侣装,因为没有生育的缘故,两人都像二十多岁的年轻人,走路轻盈有弹性,他们一出现,连暮气沉沉的村庄都有了生气。

初玉不答应回来,她的态度是坚决拿掉,她以一个医生的冷静表示,这种事情没有什么商量的余地,她既没有时间回来,也不想因为这种 愚蠢的事情 瞎折腾。她一听到生育就产生厌恶 她自己才多大 十六岁就生孩子 这是旧社会 像条野母狗一样怀孕生子 哪里有做母亲的尊严 她自己什么也不懂 她不懂生命 不懂生活 她根本没想过这些 这种事根本用不着考虑 没有什么选择 我建议赶紧去医院 早一天做掉就少一分累 这个时候谁帮她就是害她 她当时就是这么说了一长串,她尽力克制自己不发火,可谁都闻得到那股烧焦的气味 你们回去一趟也好 趁机好好教育教育她

初云感觉初玉对生育的讨厌,比她去北京找她的时候更加厉害,她的话语里没有一点对胎儿的温情与怜悯,甚至也没有对十六岁侄女的亲情与担忧。她和她那些冰冷的手术刀越来越相似,她的言语她的表情她的态度,都像她的手术工具一样凛凛发光。人们认为一个没结婚没孩子的单身女人年纪越大性格越古怪,这一

点在初玉身上得到了充分体现。她早就态度明确,自己不会生育,她没任何生理问题,就是不想把时间浪费在保姆似的琐碎事情上面。她第一次恋爱,因为男方要生孩子失败告终,后来把不要孩子的话摆在前头,有的人最初同意,谈着谈着就变了卦,要么是家族的压力,要么是自己变了。她知道绝大部分的男人还是把生育摆在第一位,传宗接代的传统思想根深蒂固。人们隐约听说她最近又在恋爱,对方是一个爱跑步健身受西方文化影响的海归医生,研究阿尔茨海默病的专家。他到医院上班第一天,他们在院门口碰到,几乎是一见钟情。她有几次为母亲的痴呆病症请教他,也正是在她转告了海归医生的建议之后,初月他们一家将母亲接去同住,在他们的照顾下她有一段好转与平静的生活。他们第三次约会时,她才知道海归医生的父母早年死于一场意外。

那时我在市里读住学　接到消息时　英语老师正带我们阅读海明威的英文原著　老人与海　他让我用英语解释　每样东西都会杀死别的东西　只不过方式不同罢了　这句话是什么意思　我脑子里刚刚联想到鲁迅关于人吃人的观点　校长推开门把我叫了出去　朱皓同学　他说　有一个很不幸的消息　你得有点心理准备　像个男子汉一样坚持住　校长脸色严肃　我以为是全国生物学竞赛垫了底　不但丢了学校的脸　将来保送大学没有希望　对不起　校长　我说　校长眼神比脸色更严峻　你爸妈出事了　你马上赶回去　我在路上狂跑　坐了一小时大巴到镇里　再从镇里转小巴到农场　远远地看见农场里人来人往　我们家门口人多得挤不进去　我听见里面传出悲伤的哭声　我站在地坪上　脑子里

嗡嗡地响　这时有人喊　朱场长的儿子回来了　人们很快让出一条路来　不知是谁拽着我的胳膊　将我拖了进去　你很难想象那个情景　我爸我妈并排笔直地躺在地上腿朝大门　这一次他们没有叫我的小名拥抱我　他们冷冷地躺着　像睡着了一样　我们家的亲戚一看到我　哭得更加伤心　好像我爸妈不理他们　只有我才能将他们喊起来于是将希望寄托在我身上　一个个抱着我哀哭　我真的像个男子汉一样挺住了　我等她们缓过气　等她们告诉我是谁杀害了我的父亲母亲　我可能看多了侦探小说　本能地想到只有谋杀才会是这样的结果　我要像个男子汉一样去复仇哪怕是需要三十年　一辈子　但是他们告诉我　我的父母死于蘑菇中毒　救护车还没开到医院就不行了　我不能去找蘑菇复仇

　　谁能除尽天下的蘑菇呢　我过了好久才哭出来　幸好我有爷爷奶奶叔叔伯伯外公外婆舅舅姨妈很多亲戚　我后来被保送大学拿了奖学金到出国读了医学博士再回到国内　这也是我父亲母亲他们一直希望的　我父亲脾气不好　但他愿意为我做任何事情　如果不是为了我　他也不会想到来农场当场长　说句实话　权力和经济收益是成正比的　他们那时候就开始为我筹备出国留学的费用　我在国内没吃苦　在国外也没有吃苦　没有刷盘子洗碗搞清洁　所以我全部的精力都在学习和研究专业

　　我妹妹也在美国读书　毕业后嫁了一个白人　她不愿回国　她已经不习惯国内的生活　每年清明节　我们会约好一起回去给父母扫墓　我真希望他们看到我们现在的生活带他们去看外面的世界　吃世界各地的美食　要是他们愿意住在北京　他们就可以经常去看京戏　我母亲以前唱过样板戏　演过白毛女　嗓子能

唱　她应该是属于舞台的

那天的夕阳血红。朱皓说家史时的脸也成了橘红色。他是那种大智若愚的面相，鼻子大，嘴唇厚，皮肤不白不黑，眼神冷宁沉静。他没有描述失去父母之后的痛苦，但初玉感同身受。她记得父亲去世以后，就她每天哭闹着要见父亲，常常弄得大人也眼泪汪汪。她也说出了自己的家世，他们的父亲原来在同一个农场，她的父亲比他的父亲早五年去世。

如果在一本小说中安排这样的巧合　读者可能会觉得不可信　但是现实就是这么巧　难道我们不应该相信眼前的真实

你好像很爱读小说

是的　我喜欢读爱伦·坡的惊悚小说　柯南·道尔的福尔摩斯探案　希区柯克的悬念故事　这些年我一直假设父母是被谋杀的　我没有理由推翻这个假设　我不相信他们不认识毒蘑菇　哪种吃得哪种吃不得　如果他们确实死于蘑菇　那只有一种可能　有人将毒蘑菇素注入到好蘑菇里面　但是我没找到谋杀动机　家里钱财金银首饰什么的都没动　也没有和别人结下冤仇　我始终假设父母是被谋杀的　从前忙于学习没有时间　我打算专程回去农场找人聊天　我想听他们说说我父亲接触和认识的人　这些人平时都干些什么　有什么特征爱好　他们在我父母死亡前后有什么不同寻常的举动　我也会亲自去找这些人

这么多年了　你一直想着寻找线索破案吗　不可能有谋杀者　你只是无法接受这种事实

事实不一定是真相　最后入殓的时候我看着他们　我觉得他

们有话要告诉我　总有一天我会获得灵感的

　　也许你看小说走火入魔了　你赋予那件事太多的个人想象　她习惯性地用手摸了摸胸前的玉环

　　很好看的古玉　他注意到了

　　原来是我的小脚奶奶戴的　有人说是汉玉　对我来说它只是奶奶的信物　无价之宝

　　你奶奶对你偏心

　　可能因为我长得最像我父亲　也许是因为我书念得好　不知道　有些爱是说不清楚的

　　爱和恨其实是同一种东西

　　她几年前去世了　活了一百多岁

　　一个旧式女人　撑起那么大一个家　真不简单

　　是的　我奶奶是有点传奇　家里人都怕她　小时候经常拎着篮子跟她去后山采蘑菇吃　她养过蘑菇　养过兔子　兔子吃草也吃蘑菇　后来兔子全死了　奶奶很伤心　后来我们家再也没有养过小动物

　　第一次听说兔子吃蘑菇

　　你没读过小兔子采蘑菇的故事吗　从前森林里住着两只小兔子　一只小白兔和一只小灰兔　在一个艳阳高照的早晨　小白兔和小灰兔商量着去森林里采蘑菇　中午请小伙伴们来吃　兔子如果不吃蘑菇　它干吗要采蘑菇呢

　　你问倒我了　他摸着鼻子想了想　有了　比如苦楝树上结满了苦枣　小孩子喜欢把它们摘下来　苦枣是不能吃的　他们干吗要摘呢　好多童话故事也不讲科学逻辑的

你想说兔子是一群搞破坏的坏孩子吗　我亲眼见过兔子吃蘑菇呢　我小时候爬树摘过苦枣也咬过　又苦又涩　我奶奶说以前闹饥荒的时候　别说苦枣了　树皮树根野草鸟屎泥巴什么都吃现在知道你个人经验的局限了吧　幸亏我有个小脚奶奶

兔子急了会咬人　兔子饿了吃蘑菇　好吧　现在我相信兔子吃蘑菇了　真想去你家后山转转　要是你的清朝小脚奶奶还活着就更好了　我最喜欢听老人讲过去　我曾祖父给我讲他年轻时夜里打鱼有一次捞起一具女尸　身上绑着石块　这个突然失踪的女人重新出现　没多久一桩沉寂三年的谋杀案便水落石出　警察以绑石块的绳子为线索找到了凶手　说起来我对侦探案件的兴趣还是从我曾祖父引发的　他自己一生平平淡淡　满脑子外面的离奇故事　真正要行凶的人　并不会弄成　一件事先张扬的凶杀案这是马尔克斯的一部小说名字　我父亲也从那些故事中学到很多东西　比如逻辑缜密做事有条理　凡事列出几个方案　从最好的那个方案开始做起　他追我母亲的时候　从A方案到D方案　一步一步牢牢地套住了他要的女人　显然他也给了她幸福

你现在执行的是第几方案　她也开了个玩笑

那要看你是不是答应带我去你家后山转

那里挺荒的了

要是我们去了　再荒的地方　都会开花的

我奶奶　我父亲　我弟妹都埋在那里

那我更要去看看

我母亲连我都不认得

没关系　我们认得她就行了

我弟弟可能会往你的口袋里装蚯蚓
　　随便他怎么捣乱
　　我侄女说不定要跟你睡觉
　　她多大
　　十六
　　要是两三岁的话可以考虑
　　她喜欢跟她喜欢的男的睡觉　　她肯定会喜欢你
　　如果我是她姑父　　她也敢吗
　　她野惯了　　野得把自尊都丢了　　这并不是她一个人的责任
　　她差不多是成年人了　　成年人会对自己的人生负责的

　　北方的夏夜，日头落下去就凉爽起来。风轻轻吹拂。月亮贴上了夜幕。一个美好的谈情说爱的夜晚悄悄来临。周围的一切都是为他们准备的。

　　初玉拒绝回去处理初秀的事情，在电话里说了一通刺耳的话，经过与朱皓那个浓情深意的夜晚，她这心思有点松动。她和他有点非你莫属的感觉。此时的爱情不像年轻的恋爱那样任性，有一种稳稳地走上独木桥的细心与从容。她想起大学毕业第二年和一个金融师那短暂的三个月，有点像急行军，夜路水路山路沼泽雨天晴天雾天电闪雷鸣大雪纷飞马不停蹄往前赶。金融师满肚子父爱憧憬未来，有一回在他们事后甜蜜的小憩中说，将来要和她生一支足球队。她是个体育盲，当她知道一支足球队是十一个人之后，她仿佛看见自己满身乳房躺在地上，一群小孩子在身边爬来爬去。她在农场的猪圈里看到过这样的景象。她也想起初云手术后躺在床上,腋下的…动物还在吸吮她的乳房。

金融师…孩子的向往,使她看见甜蜜里沾着一只死苍蝇,她的心情被这些…西破坏了

你知道…世界上的事情我最讨厌什么吗

不知道

我讨厌…育

话音刚…他,她就感觉他的皮肤凉了下去。他再次问她时,她也是这么回…

她至今…得他的表情,仿佛她头上长了角。他身上越来越凉,以致他不得…穿起了衣服。他的衣服始终也是凉的,好像他是一个已经没有…温的人。她没有去抱紧焐热他,如果他被他内心的失望冻死,…她没有关系。不知道弗洛伊德是否说过,男人热爱生产的女人…对子宫的迷恋,崇拜子宫,类似于小女孩的阳具嫉妒。男人们…边要女人生孩子,一边骨子里嫌弃生过孩子的女人,一旦她们这儿松了那儿垮了,他们便调头转向到处紧致不曾生育甚至不曾被人动过的年轻女孩。人们骂女人母猪、母狗,因为生育使这些雌性动物奶子拖地又脏又丑,没有人对它们的贡献表示一点尊重,它们也没有得到应有的待遇,到头来还说它们的肉不好吃,太硬嚼不动。很多人找对象将生过孩子的女人摆在残疾人级别,生育过在婚恋中简直是一种原罪,甚至未婚姑娘做过人工流产,也将成为致命的污点。一切道德的、生育的、痛苦的责任由谁来承担,完全取决于谁是子宫携带者。男人和女人同时在获取感官享乐,然而仅仅因为子宫的缘故,男人逍遥法外,女人困在网中。更别说女人怀孕期间,男人在外面灵肉两舒;女人因生产痛得

大喊大叫,男人在外面酒杯一满再满,在别人的床上跟别人一起喊叫呻吟——她知道这些,因为碰巧有那样的男人在她的床上,也有那样的男人跟她喝得醉眼迷离。其中有一个妻子已经怀孕七个月,却说她给了他 从未有过的感觉 女人听了这种话,会认为这是非常爱恋的表白 从未有过的感觉 其实是一种模棱两可的暧昧表达,它什么也代表不了,正好填充爱情中的虚伪部分——当他要睡一个女人的时候,如果没有某种煽情的东西,感情干巴巴的也不符合他内心的期望,他不得不表现出相遇太晚,但谢天谢地,你总算出现在我的生命中,满是惊喜和隐隐的无奈。也许仅仅是为了自己获得的快感来得销魂,他需要些语言的推波助澜,至于家中怀孕的女人,他会暗示他们其实没什么激情,有多久没睡一起了,仿佛他因此便是清洁的,理应获得额外再爱一次的门票,说不定还暗地里看作对自己的犒劳。

　　她还遇到一个总是讲述婚姻不幸的男人。他说他们在分居中,谈到了离婚,但忽然妻子又怀孕了,而且不是隔壁老王的责任,分居的一次偶然刺激带来了新的果实,他们又重新住到一起。他仍然说不幸福,喋喋不休像一只嗷嗷待哺的幼鸟饿起来叫个不停,让人真假莫辨。她抱着可有可无的心态与若即若离的关系取其肉体所用,如果不太讲究忽略生理特征,不把做爱当作爱,关了灯男人都是一个样。他们都从A片中学到不少东西,在不少于五个人身上有过实践,都自以为这样那样可以展现雄姿一定会使对方陶醉,事实上有的人连私处结构都没弄清楚,女性军火库里的装备都没有掌握就敢于交火,对那个复杂的地形一无所知。

　　通过一条湿润的通道向里,再向上,经过宫颈、子宫、输卵管和卵巢，还有那些每个月调皮一次招惹麻烦的卵子，绕过一个U形弯，向后向下绕出来，到会阴和肛门，这些部位由大量的骨盆肌肉和无数传达信号的神经通道控制，跟这套系统比起来，现代化国际大都市的高速公路，简直是供人休闲漫步的走道。男人并不想了解这些，他们只要快感，要生育，要自鸣得意的公鸡报晓，要耀武扬威的孔雀开屏。当然，她也知道女人对男人那儿知道得也不多，只知道它能屈能伸忽软忽硬，从口感和色香味方面来讲，跟真爱一样不易相遇。

也许是过往的情感经验对她产生了负面的影响，男人的行为使她童年时期对生育的恐惧发展成了厌恶；也许她真的就像金融师说的那样，没有女人味，缺乏母性，人格不完整，但她完全懂得作为一个人去爱另一个人，除了以生孩子的方式。她没有这个意愿，她就是不愿像别的女人那样，从月经停止确诊怀孕开始，定期去医院脱下裤子让别人围观，轮流用指头或仪器伸进器官里搅来搅去，嘴里以咳金唾玉的矜持吐出冷冷的医学术语，这次让你喝水憋尿憋得尿脖快要炸掉，下次要你挤干里面的最后一滴水。这让她想起小时候看阉鸡。妇女们拥挤在过道里，像鸡群在笼子里伸着脑袋，看电子屏幕排序或听广播喊号，阎真清伸手往里随便逮住一只鸡，三两下处置干净，眼睛盯住阉割的部位，不管鸡长什么模样。他当然不会看着鸡的眼睛对它说别紧张很快就好，当他把那两粒东西挑出来之后，将鸡随地一抛，伸手去抓另一只。

医院最忙的是妇产科，门口常年被那些等着做流产的 育龄女性 充塞——她同样反感 育龄女性 这个称呼，感觉好像在描述一群通过遴选等待配种的牲口——她们和笼子里的鸡是一回事,只不过鸡是公鸡,人是雌人。好像是因为广告上鼓吹流产术时间短无痛无伤,显示技术先进之后,人们都要来验一验这广告的真假,试一试先进的人流术——怀个孕流个产跟吐口痰一样简单。想一想女人们光着屁股叉开双腿将阴道打开交出子宫的样子,肯定有什么东西听见了它们朝向天空的无声呐喊,不是金属器械的碰击声锤打撕扯能掩盖的。

金融师还说她讨厌生育归根结底是因为她讨厌男人,没有哪个女人不想跟所爱的人生孩子。他愿意在她身上花点时间帮助她推翻自己的观点,冒险做出生育的实践,仿佛哄骗小孩子吃药,先告诉他那是甜的。她是那种人,要吃不怕苦,不吃连甜的也不会去尝。她不会拿子宫来做实验,如果肉体能解决精神问题,那么精神同样能解决肉体问题。她也觉得他大错特错。她爱男人,从来没有讨厌这一性别,而且从不隐瞒对男人这一雄性动物的欣赏与迷恋。她就是不喜欢生育。过去她无数次看到了母亲的孤独,生养那么多孩子,在她最需要他们的时候,一个都不在身边,人们说老年痴呆是孤独造成的,孤独是子女造成的,所以子女也造成了母亲的病。每个孩子有自己的家庭之后,母亲就变成了一个远亲,甚至负担,说起话来很难想象他们曾经在母亲的怀里度过了那么多的日日夜夜。

她从小听村里人聊天,东家还有三堂老福*30担子很重啊,西家走了一堂老福又减轻了一点负担啊,找对象的一听说对方家里还有几堂老福吓得赶紧掉头。家里没有老福的优先考虑,总之大家很羡慕谁家里的老人死光了,谁家又走了一个,也有私底下盼着老人走掉的,不忌讳在某个场合说出来,村里人没有什么转弯抹角的表达。乡村的孩子像牲口,城里的孩子就是宠物,一家几口人围着转,但最终结果都一样,幸运的牲口或宠物有人照顾生老病死,不幸的是老无所依。她有时候胡思乱想,试图说服自己,每次都以失败告终,甚至比之前更坚决;她梳理自己讨厌生育的原因,如果别人生育的理由是天性、养老、随大流、繁衍人类,那她都不具备这些因素。

她和金融师起先还能讲观点谈感受,两人越说越远,越说越离题,彼此发现好像两个人本来就讨厌对方,此前是什么鬼迷了心窍,误作了爱情,怎么和这样一个人厮磨发热,一切都云里雾里,最后两人运用图书馆的知识展开了一场尖锐刻薄的唇枪舌剑分道扬镳,再也没有联系,像两滴水消失在水中。

金融师勾出了她很多思想深处的想法,她是一个善于冷静分析自我的人,时刻要搞清楚自己在什么时间轴上。她现在遇到了一个真正懂得她的男人。他尊重她不要孩子的意愿,他们有非常相近的观点,他也不喜欢给女性戴上 育龄女性 的帽子,他喜欢精神上的胯骨宽大臀部圆满,他认为她就是这样的。另一个重要的事实是,不仅仅是因为他是医生,懂得女性体内复杂的高速公路,他还知道怎样让这条高速公路通往脑部神经活跃盆腔肌肉。

她感到心里头有东西像冰块在太阳下渐渐融化 旅行增进了解 也许正是带朱晗回家看看的时候 她想 我还从没干过带一个男人回乡下这样的事情 我想这么做 她还想到后山有几处野合的好地方,茂密的芦苇比人高常被压倒一片,青草像地毯也有遭踩躏的痕迹,她和他也可以在那上面做点什么,惹得空中飞鸟尖声怪叫。也许再去农场看看。父亲死后她一直没去过那里,家里连提都不许提起。她记得那里大片的荷花、桃树、芦苇,湖泊里停着捕鱼的小舟,白鸟落在船篷上。她还记得有棵巨大的柚子树,柚子大得像南瓜。所有的人都喜欢逗她玩耍,不仅仅因为她是场长的满女*31,而是她对谁都笑谁都可以抱。

晚饭后,初秀穿着吊裙趿着人字拖鞋手里拿着纸扇给这个扇扇那个扇扇。这时候她比较安静,有点晚辈的样子,谁说话她就睁着眼睛看谁,没人问话她绝不张嘴,说得不对她也不插话卿叔或后

外人沉浸在自己的事情里,或者什么都没想只等这些婆婆妈妈的讨论赶紧结束完事,结果怎么样她并不在意。

家庭会议由王阳冥主持,他穿着对襟唐装,脖子和手腕上戴着紫檀木珠,说话时摘下手上的串珠,用拇指一颗颗拨动像在念经,檀木珠子啪啪直响

　　来宝缺席　我们现在不晓得他在什么地方　也不晓得他什么时候回来　当然他在不在都一样　娘现在连人都不认得了　初秀现在这种情况是等不了的　等不了来宝回来　等不了娘清醒　我们今天聚在一起　就是来商量看　怎么妥善地解决问题　恩妈死之前交代过　一家人经过很多艰苦　更要互爱互助　她嘱咐我家里有什么事情召集大家一起商量　我相信我们商量的结果会让她老人家满意　我虽然不姓初　一个女婿半个儿　我也是从没把自己当外人的　初月在家里陪娘来不了　我同时也代表我的小家庭首先表态　人到了我这个年纪　上有老下有小　很多事情力不从心　但无论是什么结果　我们在经济上和情感上都全力支持　初

玉的态度是拿掉　但不管拿不拿掉　大家一起来讨论看看比较一下　哪一种办法最为妥当

落地风扇的叶片忽然刮出一阵响声，接着被什么东西卡住了不再转动，热空气涌了过来。

风扇是几年前王阳冥送的，叶片上一层黑灰，看得出来一直没有清洁过。

他使劲拍了它几巴掌，风扇又转了起来。这是暗示事情不会往好的方向去。他懂得许多事物间的神秘关联。他拧紧眉头盯着风扇，好像在较什么劲。

我先说点想法吧　初云说道　我只晓得那是一条命　他现在正张着耳朵听我们谈论他　这个月份的胎儿聪明得很　已经是一个完完整整的人了　我们只是隔着肚皮看不见他　我不太赞成那么做　我不太赞成把一个将来活蹦乱跳喊我姑奶奶的小家伙弄死的但初秀自己还是个不懂事的娃娃　我也不晓得孩子生下来怎么办

大姐虽没有说出解决方案　但也并不等于一通废话　至少把我们心里的矛盾都说出来了　王阳冥说道　的确就是这么回事　左右为难

照我说呢　初冰用戚念慈的口头禅接过话来　主张生的　说出个理由和办法来　主张拿掉的　也要有说服力

我们忘了一件事　是不是首先应该问问当事人自己的想法　她毕竟也有十六岁了　初雪的手一直放在财经主笔手中，她抽出来两只手放一起搓了搓，财经主笔也做着同样的动作，像是过于紧张导致手心出汗。

初雪提醒得有道理　沟通是最重要的环节　至少尊重孩子自己的表达　财经主笔与妻子紧紧站在同一战线上

王阳冥停止拨动珠子,将它重新套上手腕时,手链忽然断了线,珠子掉到地上四下滚开

又来一个不好的兆头　这一次他说了出来,神情极为严肃,其他人都听见了,眼看着珠子滚进黑暗,都有些惶惑。

讨论会中场休息。王阳冥撅起屁股到处找珠子。大家都知

冥自己的口袋里。

后来,他们比过去更相信王阳冥的确具有某种巫性,即便是不相信怪力乱神的初雪夫妇,也不得不承认他有点神秘功能,他那些不好的预感非常准确,只不过他没想到凶兆与自己有关,后面会有那么严重的事情落在自己身上。

初玉进门时,正好看见王阳冥跪在地上,屁股朝天下巴贴地,其他人也弯着腰在屋里走来走去,好像被施法术着了什么魔道。第一次带朱晧回家就见到这样的景象,这使她感到难堪。屋里人见到初玉,本来惊讶,看到她背后那个武高武大的男人,惊讶瞬间百倍膨胀,所有人都像演员似的,立刻换上得体的表情进入角色。

初秀朝初玉扑过来完全忘了自己的肚子,像一只不知道羽毛打湿了的小鸟要飞起来,那样子看起来滑稽也让人心酸。

这是我的小姑父吗　初秀盯着朱皓看了又看　我的第五个姑父原来是这样的　我们都以为小姑要找个外星人呢

说不定我真的是个外星人　朱皓说道　我来迟了　向你们道歉

谁也没明白,他这句来迟了,是指在初玉生活中出现迟了,还是这趟回来迟了。

不迟不迟　正是时候　王阳冥打了一个哈哈,气氛热闹达到一个小高潮。

外面有人路过,只听得屋里嗡嗡的人声笑语,想进来又不敢进来。以前老人还在的时候,他们是挺随意进出的,现在不好打扰年轻一辈的世界。可屋里称得上人声鼎沸,益阳土话平常讲话音调都高得像生气,硬着嗓子瓮声瓮气,人一多像一群湖鸭子上岸,只听得一片混乱的嘎嘎叫声。这热闹声挠得人心痒痒,外面的人终于忍不住进了屋。

作为初家的老邻居,罗大婶看着孩子们长大,不管她们出去多少年,她一眼就能认得出来这并不奇怪,但她也认得朱皓,这令人惊讶。原来罗大婶早些年在农场养殖珍珠时和朱皓一家相熟　那时季我就晓得你这个细伢子有出息　你爹娘为了你们两兄妹真是舍得做　可惜他们都不在了　享不到仔女的福　罗大婶一开口就提伤心事,好像不提上一辈她就不够资格在这里插嘴发言。她哇啦哇啦说了一通,忽然意识到朱皓出现在这个屋子里不是一件寻常事,初家人和朱家人在一起有讲有笑,她要是说出去都没人相信,躺在坟墓里的那几个人知道了,也会气得掀开棺材跳出来。当她凭敏感的人生经验发现原因出在朱皓和初玉身上,登时眼直嘴开,像是中了风。她生怕自己说漏嘴破坏眼前景象,保持中风的样子挥了挥右手什么也没讲就离开了他们。屋里人谁也不知道罗大婶走后不久村子里便开始生长传言,说的是一对仇家人结成亲家了 我亲眼看见朱家儿子和初家女儿在一起 倒是郎才女貌 想必他们都还蒙在鼓里

家庭会议持续到晚上九点钟还没有结果。开水烧了一壶又一壶。地上积了一层瓜子壳。初秀完全听从讨论结果,要生就生,要拿掉就拿掉,她是所有人当中最没心理负担的。初云仍在矛盾中;初冰还是不出主意,提了一堆生的问题和拿掉的问题;初玉坚持最知道这胎儿必定留不住,留住了也是不吉祥。

入夜闷热气温跟白天差不多。大家昏头昏脑,好像因为汗蒙住了智商和情商,有点昏头昏脑。

窗外传来青蛙的聒噪声,听起来既热闹又安宁。

我们愿意领养这个孩子 初雪过来说道,声调平板清晰。财经主笔在后面跟着点了点头,并附上露出犬齿的微笑 该罚的社会抚养费我们来缴 不需要你们任何人的经济支持

屋里鸦雀无声。蛙鸣争相叫好。

四姑 那我的孩子以后要喊我做姐姐了嘛 初秀用尖刀划开沉默 要么就变成我喊你姐姐 有点复杂

又是一片安静。

这不是问题 去医院做过孕检吗 一切都正常吗 初雪说道

不知道 没去过

这样吧 明天先做完检查再说

不行 初玉反对 这样有欠考虑 这不是帮忙 这是添乱

生活都会因此一团混乱

事情这么处理　跟你关系不大

我本来是姑奶奶　结果变成了小姨　给我降了一辈　怎么会没关系呢　别把善心用错了地方　说得不好听　这种善心是自私的　不负责任的　她只能把孩子拿掉　重新做人

你要是老是一副受过高等教育的优越姿态　就没有办法和这些事情发生血肉情感　在这个家里　你就只是一个冷漠的医生而不是亲人　初雪说道　到底谁自私　谁不负责任　像你说的简单粗暴地拿掉孩子　大家都会松口气是不是　然后像什么也没发生一样　像从来没有一个七个月大的骨肉胎儿来到我们之间　是不是　会做噩梦的

你想要孩子　早该趁年轻自己生　现在的年龄只有百分之五的受孕概率了　但还有希望　初玉说道　这是冷漠医生给你的建议良方

初雪一怔，忽然双手蒙脸，走到屋外的黑暗中。

问题从胎儿迅速转移到了姐妹之间的龃龉。

大家公认初玉是初家唯一没受过委屈，学业工作一帆风顺的人，她对于人间疾苦人生坎坷了解不多，因而对生命相对冷漠，初雪全靠自己打拼错过了最佳生育机会，现在仍在努力尝试，初玉要是知道她付出了多少青春努力，就不会这么尖酸刻薄伤和睦。

初玉　你读的书多　就听我这读书少的多嘴说一句　初冰最会打圆场　照我说呢　生孩子是女人的天性　你坚持不生　我们也理解你　但你也得反过来理解想生的人　是不是

咱们五姐妹　只有你不想生孩子　晓得你讨厌生育　可我觉

得人一生就这么回事 生娃养娃 娃们带来好多快乐呢 初云说道

王阳冥看样子已经放弃讨论,专等最后的结果,在椅子上不时眯着眼睛小憩,有一瞬间鼻子里传出鼾声,但登时惊醒。

作为一个外人 你们的家事 我本来没资格说话 但是我想还是提供一点参考吧 可能初玉的说话方式不够委婉 但她的出

她意识到她过去犯下了一个不恰当的错误 改正错误 重新安排人生 拿掉胎儿并不意味着漠视生命 也是一种对他人负责的态度 世界上有许多不得不为之的遗憾 这同样是善 另外 我想说的是 初玉不想生孩子 还有一个潜在的原因是出于爱 她怕给不了孩子最好的 怕孩子生病早夭 怕失去孩子 她的爱心是被她假装的冷漠包裹的

大家没吭声,注视着这个武高武大却文质彬彬的外人说话的样子,细细品味海归医生这一长串话语表达的意思,那眼神分明在赞赏 到底是留过洋的 说起话来有理有节 于是大家好像一下子被他的话说通了,先前漫长的讨论都抵不过他的这番言论,他要是早开口的话,结果早出来了,这会儿大家都可以洗澡上床了。

这时候,王阳冥懒懒地站起来,腾出主持的椅子,让初秀坐上去,暴露在非常显眼的位置,这样她就不能再躲在后面一副事不关己的神态。当所有目光集中扫落在她的身上,她眼里闪过一丝不易察觉的惶恐。可以这么说,她那无所畏惧的态度阵线,最终由这一丝惶恐开始节节败退。她是学校剧团的演员,谁都没有发现她善于表演这一天赋,她的演技已经到达炉火纯青的高度。眼看家里人为她闹成这样,她不打算演下去了,在这个蛙声聒噪的下半夜,她勇敢地撕下了自己的面具,露出了真实的自己。她哭得很轻。表现她的脆弱、虚荣、野心勃勃,像所有十六岁的小姑娘一样,充满并不自知的无知与不切实际的梦想,却又自以为成熟,自以为对周围世界足够了解。

女人们上前围住她抚摸她,安慰的话像一番自我疗伤的喃喃自语。她们也是这时候才意识到,其实最痛苦的人是初秀,无论是哪一种选择,都将由她去经历与承受,她们只是在这儿磨磨嘴皮,就觉得自己多么了不起。在此之前,她们一直把她当布娃娃,完全排开了她的感受,家族讨论像商务会议,还引爆姐妹之间的矛盾,激发了一些内心深处的成见,甚至对初玉的嫉妒,还有家人没对姐妹们一碗水端平的埋怨。

初秀说她从来没想过养孩子,现在也不想养孩子 我要当歌星 当演员 到世界各地去旅行 可是我现在真的不知道怎么办 她这么说的时候女人们眼眶都红了,这是对她真正充满母性的怜爱与醒悟 我们家初秀 她的的确确只是个小孩子啊 不管她的梦想有多么不切实际 等她长大后自然会明白的 人不都是这么过来的吗

已经平静的初雪从黑暗中出现在灯光下 秀秀 明天去医院做一个全面检查 就这么办

一定要一个孩子去生下另一个孩子 你们要是达成一致 我也不反对了 但这么做真的很不人道 初玉妥协

扼杀七个月大的生命存活的权利　难道是人道的吗　他是一个完完整整的婴儿　他听得见我们的争论　为什么不给他一个活着的机会　初雪的眼睛又红了,停顿半晌接着说道　好吧　我们先不说什么人道什么不人道了　我把我的亲身经历告诉你们　我就是因为堕过一次胎

电压过低。

你们谁能理解想要孩子却不能要的痛苦　谁又能保证秀秀引产会遇到什么状况　如果秀秀出了什么问题,那种遗憾怎么也无法弥补

青蛙这时又呱呱鸣叫起来,仿佛为初雪的话喝彩叫好。

其他人犹疑的立场一下子倾向初雪,都认为无论如何先去做个检查,确保一切正常。

真对不起　我之前态度过于偏激　初玉向初雪道歉。

漫长的谈话终于告一段落。

农场完全不是他和她记忆中的样子。大路小径全铺上了水泥,散发冰硬的商业气息。从前塘沟边、野路上满是黄色雏菊、满天星、蒲公英,水草茂密,高高的芦苇随风摇摆。从前果林一片一片,现在都砍光了上面盖着鸭棚鸡舍。

他在这里度过童年,对农场比她更了解,更有感情。他至少有二十年没回过农场了。夕阳落在湖水里,像烧红了一样。他们手

牵手沉浸在共同的记忆中,假装路边野花烂漫,假装风吹动果树,发出沙沙的声响,假装空气里花香阵阵,假装湖面上静静地泊着渔船,假装炊烟正在缓缓升起。她想起了父亲,他想起了父母。他攥紧了她的手。

四下里看不到人。集体经济时代,总有一群人在这里劳动唱歌谈天说地,夜里也有万家灯火。

拉饲料的手扶拖拉机经过,停在前面。戴草帽的司机朝他们走过来,黑里透红的脸上泛着油光

是朱公子啵　好多年冇看见你了　司机说着摸出一盒芙蓉王手指敲了敲盒底,一根烟从盒子里长出来　来一根嘛

朱皓摆摆手　谢谢　我不会抽烟

司机便将烟插进他自己笑开的嘴里,点上火　我最早是饲养员　你爹上任后提拔我当了养猪场主管　我一直记得这件事　可惜

朱皓知道他可惜什么,这些年他已经听腻了这个词,因此笑笑打断了他　看您拖了一车饲料　您是承包了养猪场吧

司机点头时鼻孔里呼呼直冒烟　一辈子跟猪打交道　人都猪一样了　我还是记得你爹妈当年的事　我一直觉得有点蹊跷

什么蹊跷　朱皓松开了初玉的手,后者走到一边去看天望云。

过了这么多年了　不晓得现在还应不应该拿出来讲　讲了又有什么用

你只管讲　有没有用　我心里有数

初玉一直走到听不清他们说话的地方才停下来,意外发现脚边一簇地丁草小花开得正艳,这花草是父亲教她认识的。她想起

了父亲,却不记得他的样子。农场里野花野草名目太多,因为特别喜欢地丁草的紫色小花所以一直没有忘记。她蹲下身慢悠悠采了一把。有点无所事事的惆怅。回头看见他们还站在那儿说话,烟雾在他们头顶上方飘浮。

司机上车将拖拉机开走时,米晗还站在原处一动不动,像一棵树那样陷入沉思。她看到他摘下眼镜用衣角擦了擦重新戴上,仰天长叹了一口气,转身朝她的方向走来。

锈红的夕阳在他背后马上就要沉下去了,他的影子比他早几丈远到达她的身边,他的头影印在她的胸膛时他还在几米外缓慢地挪动,像一个吃了败仗沮丧疲惫的士兵不敢面对前方。他慢慢走近来,什么也没说伸出手臂抱住她,像一个洪水中求生的人抱紧一棵树。

这时天色一闪就垮了下来,一切跌进夜笼,四周的景物朦胧起来,一个没有萤火虫的夏夜来到他们中间,带着不算浓郁的饲料和牲口粪便的味道。他们没有按照荷尔蒙催生的计划去滚倒芦苇和草丛,甚至都没去那片记忆中的伊甸园看看,一切都在遇到那个戴草帽的司机之后戛然而止。

她不知道发生了什么事情,从他的情绪表现来看一定相当严峻。她理解他这时需要安静与思考,想清楚之后如果要做出什么重大决策,他必然会主动征求她的意见,因此她什么也没问,只是攥着他的手给予安慰。然而他连这一点也不需要了,他似乎要在一个没有她的真空地带来处理这件事

我要去见几个人　私下处理一些东西　他原本是计划带着她做这个项目,但见过戴草帽的司机之后,他打算甩下她单干　他们

早就离开农场了 不一定能找得到 也许有的人已经死了 他这时表现得像一个决意要调查个水落石出的侦探专注于手中的案件,或者军事家盯着地图谋划战争策略。她什么也没有问也不再攥着手给予安慰,因为她觉得这时候需要安慰的是她,因为她觉得改变计划的背后有什么事是他不愿让她知道的,刻意隐瞒的,换言之,那就是他对她不信任。不信任在两性关系中可是最致命的问题,对于相互了解的人来说,忽然发生一方对另一方不信任的情感,严重地说这是对另一方的人格侮辱,但是反过来她也理解他这种心思,毕竟他们还只是不太牢固的恋爱关系。她可以做到至少不拂袖而去。

她确实抽不出什么温柔来安慰他。那违背了她的内心,并且那样做会使她显得低声下气招人烦。

她也试图猜想他要做的事情是否与自己有什么关联,比如她的父亲是他的父亲的前任,他们之间难道有什么过节?可是她的父亲死在他的父亲之前,除非父亲的鬼魂夜里出来袭击活人。他们都是医生,都不信怪力乱神,虽然他算得上半个基督教徒,但也是从哲学的角度来看待宗教而不是迷信或盲从。她没有像他看那么多小说,所以对人类的故事和人性的了解不如他深,但也不排除胡思乱想浪费生命的可能——非得将多年前的一次意外死亡与谋杀挂钩,中了小说的毒,到头来也许是自讨苦吃。

这些她都没有说出来,她不能打消他的积极性,尤其是在他看起来掌握了什么信息密码之后,他更不可以就此停住。他不是那种因一个女人的眼泪或撒娇而改变计划的人,他深信两个人的感情建立在相互理解与尊重之上,而眼泪与撒娇都是手段,是非理性的道具。这是他受西方文化的影响,也是他之所以欣赏与喜欢她的缘故,她看起来像西方女性一样独立坚强,她不能抛下这些优点做出一副柔弱的小鸟依人的样子胡搅蛮缠——虽然很多人一致认为女人在男人面前就应该弱小依赖,膨胀男人的自信与男根,不少人屡试不爽——她从未想过使用这种招数。思想与精神上的平等是她不可变更的交往基础,自我矮化与弱化无非是动物界面对危险的天然生存方式。但她是人。这么多年她就是秉持这样的观点,为人处世谈情说爱从不后悔。她认为需要那种女人的男人本身是虚弱的,他靠的是自身之外的东西撑起他的权威,比如社会习俗、传统观念、从众导向等等虚头巴脑的东西。

自古就有女性屈从妇德奴役获取现实利益　现代女性的自我物化矮化弱化　与自愿裹小脚是一个道理　他有自己的见解。

过去在交流中他这么说过,他的态度有时不能满足她在某种程度上潜存的小女人心理,也就是说他绝对不会像哄女儿一样哄自己的女人。具体到这件事,他忽然松开她的手,忽然改变计划,忽然有些冷淡,小女人会问个不停,究竟是哪里做错了,说错了,是不是讨厌我了,当他被问烦了,更冷淡了,小女人就会哭哭啼啼,一副受到伤害、我见犹怜的样子。她和他之间没有这一套模式。他知道她心里有点不舒服。他想说时自然会说出来。

她现在有点受不了他心事重重而她无能为力的状态。

需要我等你一起回北京吗　她问道

你先走　我可能要耽误几天　他说

仍然没有一只萤火虫在夏夜里飞舞,白天连蜻蜓也没有见到。她确信她和他之间遇到了问题，这道障碍越来越明显，她并不后悔来到农场，也没有后悔遇到戴草帽的司机，有些东西隐性存在，当它遇到别的化学作用后才会显形。她几乎是带着分手的心情离开了他。他明知道突如其来的冷淡会造成什么影响，但仍然什么也没说。她看得出他被痛苦缠绕而不需要她的帮助，甚至她若在身边这痛苦更厉害

　　总会有一个答案的　没有答案也是一种答案　她是这么对自己说的

　　紧接着又发生了另一件不愉快的事情，她得到初秀检查胎儿有问题需要引产的消息，一面觉得事情意外得到解决，又感觉空落落的。自那晚大家统一意见同意留下孩子，她实际上已经对孩子产生了期待，而且孩子交给初雪抚养，的确也算得上两全其美。

　　她去医院探望小腹平整但乳房胀大奶水溢湿衣衫的初秀。胀奶痛得她龇牙咧嘴，她披头散发衣冠不整，那副狼狈的样子又一次引发了初玉对生育的厌恶。这里就像战争中的后方医院，那些因为生育问题，人不人鬼不鬼，光着下半身，或呻吟或无精打采的雌性动物，很难将她们称之为女人，她们之间那些有幸产下正常婴儿的女人，会有人在她们的生命中别上一枚　母亲　的勋章，被盛赞　伟大　还有些会像流落到社会上的残疾，因为怀孕、堕胎、引产等经历被降低正常估值，但仍然在摘取勋章的道路上坎坷前行。

　　我小姑父呢　初秀问
　　老老实实养你的病　初玉说道
　　我没病
　　没病怎么会住院

反正我不是病人

你在装可爱吗　现在　你已经不是少女了　是生过孩子的人了

往后总会有人挑剔你的这次经历　初玉说着便严厉起来　十六岁做引产　这样的姑娘　谁都要额外考虑掂量　把自己作践成这样　翘起的尾巴还不晓得收敛一点

初医生你放心　我根本不会隐瞒什么　胆战心惊地等着别人对我挑肥拣瘦　十六岁谈了恋爱　做了一次引产　这就是我　只要我坦然面对　自己不看轻自己　别人怎么样无所谓

初玉听了这话,心头一震,忽然意识到自己犯了一个错误,在初秀面前,她变成了自己常抨击的那类人,而初秀变成了她——初秀骨子里是她的性格。

这些话让她放下心来,初秀那种不把自己放到被动的　女人　堆里的意识是可喜的。

说得非常好　你也提醒了我　我踩中了一个庸俗的观念地雷　我在对你说一种我自己都不信服的观点　因为我以为你是那一类普通的女人　我差点屈从了大众的想法　是的　秀秀　非常对　挣脱所谓女人的绳索　让性别成为你的背景　而不是脸面　成为你的基石　而不是负担　她不觉笑了起来,承认自己被打败了。

她们拥抱了一下,好像已经开始战胜性别。

初云不太懂她俩谈论什么,起初几乎是面红耳赤,看见她们重新融洽相互拥抱,就知道没什么问题了。她很少看到谁能让初玉的语气软下来,现在居然被十六岁的初秀征服,也不得不对初秀另眼相看。她也满怀欢欣给初秀洗脸换衣服，梳好她散乱的头发，一番忙碌之后，小姑娘仿佛重生般焕发生命的光彩。

你仍然是一个少女 心地纯洁的天真少女 初玉最后说道。这句话使初秀忘了身体的痛。

13

几乎是垂死挣扎的心态，初雪决定换医院再检查一回。前面的医生都说，问题可能出在她多年前的那一次流产，术后丧失生育能力 这样的病例不算很多 但也绝不算少 他们简直以责备的口吻，说她为什么三十三岁高龄第一次怀孕却不生下来，好像班主任老师批评学生粗心做错作业答错考题。她们批评她的轻率，与轻率相随的就是惩罚，这种惩罚也许来得快，也许来得迟，但终究都会来的。以她现在的年纪和月经不规律的状态，怀上孩子比十年前艰难太多。

虽然无望，初雪仍然坚持吃中药，直到厌恶自己像个药罐子，放弃调理顺其自然。

面对医生一句句出于好意的尖锐话语，她感到非常难受，有苦说不出。那段日子从来就没有远离，永远清清楚楚地摆在眼前，她一抬头就能看见，她当时怎么找他，他的态度怎么刺伤她，怎么忍受着内心巨大的痛楚。九个月之后她想，孩子在的话这时已经出生了；五年过去后她想，如果孩子在的话他已经五岁了……她感觉那孩子在她看不见的地方成长,他的生命并没有消失。

这种感觉并不好。有人告诉她,只有真正生一个孩子才能忘记与替代。她感激财经主笔在这件事情上的宽容与理解,在生孩子的问题上,他并不积极,是好事也是坏事,如果他积极一点,她也许会更努力去寻医问药,说不定有所进展。但他每天读书写字,偶尔看见别人家的孩子逗两下,仅此而已。

两个人在一起也有感觉冷清的时候,尤其是当邻居或者花园里有小孩子的哭闹声传进耳朵,这种感觉更为强烈,就像在严寒的冬天,外面下着大雪,而他们守着空空的冰冷的壁炉,穷得没有一根可燃的柴火。

两人似乎都感觉到了,但又避免触碰,这时财经主笔会第一个绕开这种局面,开始聊一个话题,或者建议看一场电影。这样的情形里几乎每次都被他解围。初雪后来才明白,他那么做正是因为内心的不安与躁动,其实他心底里是希望生活中有那么一个小活物膝下纠缠的。对于与小孩子有关的一切事物,他比她更敏感,经过什么儿童乐园,或者儿童服装店,他都是疾步快走,好像那里传出什么难闻的异味要赶紧避开。

这也是她决定再去医院的原因。留着山羊胡须的老中医坐在红木办公桌后面,桌上放着软布包,她伸出手臂搁在上面,山羊须老中医将蜘蛛脚一样的手指搭住她的手腕,闭上眼睛听脉,眼皮颤动胡须微抖,好像在跟神灵沟通。完了又让她吐出舌头,翻出眼白,总结出一堆阴虚血热之类的结果,一边开处方,一边问她的职业收入、家庭状况,说他这里看病全是自费没有医保和公费医疗,听她说是大学教授,便涂改了几味药,七剂药两千多,少则一个疗程二十一剂,多则半年,看疗效而定。

她接过处方单,心灰意冷地离开了中医院,不是因为钱,而是她发现医生说的大同小异,她对此已经彻底失望。她想她的事情已经成了疑难杂症,医生多半也只能摸着石头过河,说不定是死马当成活马医——当年的医生就警告过她手术的后果,她只是没想到低概率的事情会发生在自己身上。偶尔过于痛苦之时她很后悔,她设想如果不顾一切生下来现在会是什么景况。要知道天底下那么多比她穷得多的女人都在生养孩子,当她被逼选择另一条道路,也许她真的能走得很好。有什么比从乡村到都市,从自学到博士的历程更艰辛——正因为如此,她不想失去已经获得的回报。

结婚之后,她暗自倾注全部的精力来解决生育问题,尽管她表现淡然,而财经主笔也十分迎合。头几年用真爱还能扛得住,撑得起,慢慢地两人都有些魂不守舍的荒凉。财经主笔在外面的活动越来越频繁,也重新出现老男人酒局,发表他妙趣横生的言论。

老男人的酒局上总会有一两个年轻新鲜姿色不凡的姑娘对满腹经纶的老男人笑靥如花。等到她发现那朵被财经主笔摘下的花时已经太迟,那朵花已经变成两朵花,一朵在肚子里开放。他是在什么场合遇到那朵花的?也许是某次座谈活动,也许是某次酒局,这不是重点,她没有调查整个来龙去脉的想法,一个核心的结果就是,河那边开了两朵花,一朵母花,一朵小花,河这边只有一棵老杨柳,财经主笔一个人划叶小舟在河心徘徊,是去开花的河畔,还是回有老柳的码头。她没有对着河心呼唤,也没有撤走靠岸的码头,她是敞开的。她看到那朵母花现在置身于她原来的位置,情形一模一样,她看那朵母花时便像看到了自己,成全那朵母花也像成全自己。

她的确无意逼迫那朵母花摘掉肚子里的小花使母花面临枯萎窘境。她对母花毫无成见。她想的是财经主笔的问题。她自认为他们心灵相通互相信任，他们经常促膝交谈，使灵魂日益交融彼此照亮，她委实有点不能接受从前的一切像水中月，变得虚幻摇晃。她知道自己没有权利对财经主笔提出任何要求，因为她荒芜的子宫多年来颗粒无收。

她一直觉得欠他什么。现在她明白了。她欠他一个好的收成。欠他谷粒满仓。欠他一片土地应有的肥沃与繁衍。欠他一枚沉甸甸的果实。她唯一不满的是，他不该撒谎，不该让她蒙在鼓里。他撒了多少次谎，才能让一朵母花开出小花。他骗了她们多少次，才能让小花在母花肚子开了四个月，让每个女人深信他是自己的男人。她唯一不满的是，他不该撒谎，不该欺骗。这是她最不能容忍的。为了这个她要跟他较较真。

他跟她摊牌的时候，像一个老学究做了一次失败的学术考证，他为他引证的错误、论据的迷乱、结论的荒谬等深感愧疚，他一向在学术问题上严谨缜密，凡事多方面考究，以求准确，万无一失，他将错误的考证归结于一时疏忽，引证数据和观点来源于网络并不可靠，他得到过修正的机会，以为这点差错一般读者看不出来，心存侥幸。但恰恰是一般读者——一个关系并不亲密的同事——告诉了她关于财经主笔的可疑行踪，她在京郊潭柘寺的银杏树下看见财经主笔和那朵母花做着只有情侣才做的事情。

他们去潭柘寺干什么？不可能是为了她初雪早生贵子烧香拜佛，也不可能请菩萨保佑他的婚姻万古长青。当她开诚布公地跟他谈论潭柘寺的情形,他矢口否认。他认为那是无稽之谈,他为什么要跑到寺庙里谈情说爱 你是相信别人 还是相信枕边人 他一句话就把她问住了。她当然选择相信枕边人,因为那个并不亲密的女同事一向热衷八卦爱搞是非。但当第二次另一个人告诉她另一种情形的时候,她确信前一次也是真的。他要是没有耍她这一道,她也没有那么生气,这不但侮辱了她的智商,也戏弄了她的尊严。她能够理解他在风雨中摇摆过,抱着不伤害她的想法,她不明白他一个智商那么高的知识分子,怎么也犯这种掩耳盗铃的错误,他应该知道对于她这种女人犯不着蒙骗,他只需说出他的想法,她一定会由衷地祝福他,并且踢掉所有的绊脚石,为他铺上绒地毯。在过去的交往中她都是这么做的。前任都变成了好朋友,甚至还有人肝胆相照。

他说了自己是怎么一步步踏进深坑难以自拔的。像大部分外遇一样,只要经过最初的良心挣扎和几个深夜的辗转反侧,问题后面就没什么问题了。起先他和那朵母花只是谈得来,后来很谈得来,再后来不和她谈话就浑身难受,这种难受最终也不是靠谈话解决,而必须用上肉体,肉体谈话愉悦,肉体便有了记忆,沉湎于此失去自以为能控制的节奏。

他这么说,是想证明他不是一个胡来的人,而是一场灵肉革命。这使她心里不是滋味,她原是希望他们灵肉分开的,她说服自己并想好了宽容他的理由。她以为灵肉革命这种事情在她这儿发生之后,就没有什么枪支弹药再度革命了,她忘了人们说的,男人老掉牙了都会想着重新再来,没有牙齿了,他们会用手革命,用嘴革命,用舌头革命,用脚指头革命,用膝盖骨革命。

她听他讲着讲着,捕捉到他一股难以掩藏的幸福。是的,他就是用一种忧伤、低沉,带着哀意的语调,讲述他的幸福和愉悦。这也使她难以接受。她情愿他直接兴奋地、眉飞色舞地说出他是如何沉醉于这一桩风流韵事之中,不必装出那副砸烂了花瓶的神态。

她后来发现她这样也不能接受,那样也不能接受,她其实是整个儿不能接受,这种感觉超出了她对自己的理解,她感到心里有头焦虑的困兽,不是撕咬便是冲撞,利爪胡乱踩踏。她捂住了胸口。她感到自己要栽倒在什么地方,但又不想在他面前流露半点受打击的样子

事情已经是这样了　按照你的想法去做吧　要我怎么办我都配合　她轻轻说道

他警觉地看着她,似乎不相信这句话是她说的。显然他没想到会这么轻易,就像他捏紧了拳头,使出全身的力气与对方搏斗,结果发现那只是一个轻盈的稻草人,一拳头打过去,自己失去了重心。

没有倒下的稻草人继续轻轻地问他关于那朵母花的情况,要他好好珍惜她,毕竟母花怀一个已婚男人的孩子,冒了很大的风险。她处处替别人着想,好像有人替她完成了她做不到的事情,感到如释重负。

他于是大胆地不需要请示汇报地失踪了几天,回来跟她谈财产分割。他在路上想好了,房子卖了对分,存款一人一半,家私电器小东小西瓶瓶罐罐统统归她,早些年他的收入比她高,她开画展以后收入超过了他,但基本也能扯平,算是一个公平合理的财产分配,不过,她要是愿意,他拿着存款搬出去倒也简单,虽然存款略少

于房值,这样省下不少时间。他想的几种方案她都能接受,她不能接受的方案,他当然不会提。

他委实没有太多时间忧伤或者眷恋,一种对全新生活的喜悦充满心胸,一路上还哼了几句小曲。回来发现她不在家里,她带走了一些衣物。他在茶几上读到了她留的纸条

我先去日本走一圈　财产的事情回来再议　一切都会好的不必担心

雪

一切都会好的　是指他和母花的一切,还是他的一切,或她的一切,抑或他和她的一切?不必担心　是不必担心财产问题,还是不必担心她的情绪和旅行安全?他没看明白。他不会为一张字条这种琐碎小事花费心思,他相信她出去转一圈有利于事情顺利解决,于是做好了等她十天半月的准备。

她其实没走开多远,她在酒店的窗口可以看见小区大门,他回来和离开的时间她都知道。她甚至听到了他嘴里哼的欢快曲调。他跨上阶梯的时候,她发现他的脚步比原来有弹性,胸也挺了,还放下了过去的傲慢主动和人打招呼。他在她看不见的地方呈现另一种样子。

她并没有周密的计划想干什么,她原来只想出来冷静冷静,观察一下事态发展,某一刻她忽然想导演一场戏,开始她并不知道将怎么编排,像很多人写小说一样,人物走着走着,突然就走出了作

者的控制，开始自作主张，或起了杀机，或动了淫心，总之偏离了最初轨道。于是新的局面打开，灵感来了

这是一场关于子宫的战争

三天后她花钱摸清了那朵母花的底细，知道她居住和工作的地方，知道她上北方人，不到三十岁，一本英文刊物的编辑，住处是租的。周末她得到了几张照片，上面是她丈夫和母花一起散步、吃日料的风景。他散步时一只手放在别人腰上的习惯和吃饭的姿势都没有变。他们的状态里完全看不出另外一个女人的存在。

一想到她在他们之间竟然没有一席之地，像空气似的，她心里就不是滋味。他们还去看了新墨西哥州那个女画家的专展，他还是从她这儿知道有这么一个把花朵画得像性器官的女画家，他势必把她对他说过的与画有关的东西向母花卖弄，这也让她心里不是滋味。实际上打她知道这事以后，她心里就一直不是滋味。

了解这些情况后，她真的出去旅行了，每天在微博上晒图，旅行风景、美食、人文，加入一些快乐的表情，似乎她玩得正好。一天又一天，一城又一城。她写一个人旅行，像吃独食对不起老公，于是给他买了衣服、领带、电动牙刷，她还发一些他们过去的旧照片，展示那些曾经美好的时光。谁也看不出她的生活已经破碎。

她是在到日本第十五天的时候收到他在微博里的私信，问她什么时候回来。他没有提财产的事，什么也没提，好像丈夫对出差的妻子的一句平常寻问。她感觉到话里头含着期盼和心事，她知道，在大雪纷飞的冬天，一个人守在冰冷的壁炉前比两个人更难

过。他怀念两个人的日子。他需要她了。她不觉露出诡秘的微笑。

一个星期后到她回到家里。他烧好了晚饭等她。还有红酒。过去他们经常对饮。

哦 这是最后的晚餐吗 她显示走了一圈后云散天开的清爽,有心情跟他开起了玩笑,一下子占了上风。

你怎么理解都行 他开酒,分酒,酒落进酒杯,汩汩直响 算是为你接风洗尘吧

惊喜 还有这种待遇 她笑着说 当然礼尚往来 我也给你带了些礼物

他们和从前一样进入分享食物礼物的过程,仿佛那朵母花不曾出现。她谈论日本之行的感想,比较两国文化,她还提到在日本看的艺术展、浮世绘、草间弥生,她似乎彻底忘了他们的生活中遇到了什么麻烦。她表现的还是过去那个妻子的样子,假装没察觉到他的强颜欢笑,在一杯又一杯红酒之间,几乎没有他插话的份。她好像要趁这次机会把未来所有的话都讲完。

他感觉她的确在把这当作 最后的晚餐 他有几次欲言又止,表现出某种谦让或者说犹疑。他压抑着自己,不跟她抢话。

瓶中酒眼看着渐渐干涸,就快到瓶底朝天的时候。他做好了发言的准备。她却一直没有闲着。收拾残席,洗碗拖地,洗净手擦干,就到了他欣赏和试穿礼物的时间。

她给他买的衣服总是非常合身。她对尺寸、斤两、长短等这方面有一种天赋直觉,比如买衣柜忘了量尺寸,但她一看就知道合不合适,事实也是如此。他穿上新的灰色西装,打上藏青底暗红花领

带,面貌焕然一新。他有点不知道她葫芦里卖什么药,他犯了那么大的错误,她却是这么平常与恬静,他想也许这是女人挽留一个男人的手段。

有件事几次到了嘴边被挤回去之后,他索性不打算说了,如果他和她就这样继续下去,她也就明白他已经回到了她的身边,一切也都平息了。他和她这次真的会白头到老。

她回来十多天,他一直没离开过家。他们都没有提财产分割的事。有一回夜里还发生了默默无语但激情澎湃的肉体关系。除了做那事儿该有的声响和喘息,黑暗中彼此一句话也没说。她知道他的确回心转意了。

他不知道她知道压在他心里想说而未说出来的那件事情,她甚至比他更早知道,就在她去日本旅行之时,她就知道这事情要发生了,因为她是编剧,她是导演,剧情是按照她计划的方向走的

这是一场关于子宫的战争 那朵小花不能开放 最终只能在母花的肚子里枯萎凋谢

那是发生在她去日本之后第三天的事情。那天下午母花忽然小产入院。他赶到时已经只剩一朵满脸倦容的母花。他摸着她瘪下去的小腹久久无言。他甚至想不出安慰她的话。如果她是他的妻子,那可以满怀柔情地说 没关系 我们下次还会有宝宝的 可他没法跟她说这样的话,因为他现在还没有想到下一次。妻子的面容跳到他的脑海中。随着小花的枯萎,他和母花之间的纽带断裂,他感觉自己对她的情感不自觉地产生了微妙变化,他的

心有一部分提前醒来回到妻子那边，一部分还留在这边带着充满人道主义的爱。母花的魅力好像随着小花的消失也骤然减少。

他想或许是他一时被小花的出现冲昏了头脑，让他对与小花有关的一切都蒙上深情爱意。他真是犯了晕，想到离开那么优秀的妻子，她能干有才华通情达理，他们之间除了没有孩子，并无其他情感矛盾，他甚至觉得她是这世界上最适合他的人。但不走这一遭，他并不知道他最爱的还是妻子，并不知道他真的可以完全放下关于孩子的问题，像大多数已婚男人一样，他们对家庭和妻子的认识往往通过外遇，所谓的风风雨雨都是人造的，婚姻这条小船总会有在风雨中破碎的。

他庆幸他并没有跟妻子进行最后的谈判，感谢她出去旅行，这无意间留下的那一点宝贵余地和空间足够他做一次转身。他完全不知道她到日本游玩是故意制造不在现场的证据，她当然不在现场，她根本不用亲自去做，这个世界上有的是人等着一摞钞票砸中他。

她不是没有过思想斗争。她眼前晃动那朵母花恃子自傲的神气。她找到最终说服自己的理由 既然她可以完全无视一个妻子的存在心安理得 那么我又何必事事怜惜于她 这只是一场子宫的战争

一场子宫的战争——她就是这么理解刚刚结束的家庭危机的。

过了两个月，结婚纪念日那天，他带她到了外滩一间非常雅致的西餐厅。她猜他曾带母花来过这里，因为这里弥漫着浪漫爱情的气息。男侍应燕尾服白衬衣黑领结彬彬有礼。有人在钢琴伴

奏。一圈温馨的灯光射在餐桌中心。金属刀叉镜子般反光。顾客尽是窃窃私语的外国人。男男女女。一个耳鬓厮磨的好地方。她有点不是滋味,但最终胜利的喜悦盖过一切。她不光赢得了子宫之战,还夺回了所有他开辟的领地,那原本是属于她的。她最初的本意不是挽回财经主笔,而是要报复他对她的欺骗,要毁掉那朵他为之欣喜的小花。也许是处于内心深处不愿承认的嫉妒,嫉妒别人那个肥沃子宫

　　不　我并不是嫉妒　我只是要让他失去点什么　意识到自己要去那么做时,她被自己心里产生的那股邪恶吓了一跳。但她说服了自己。当年她像母花这个角色的时候,她无奈堕胎败下阵来;当她为人妻时,一朵母花给自己的家庭带来威胁,如果她不采取措施的话,她又将成为失败的一方,简直就像宿命。村里人如果对她有所了解,他们会惊叹她不愧是戚念慈的亲孙女,不愿听从命运摆布。

　　财经主笔将这些看作她对他深深的爱意与挽留,虽然是一个美丽的错误,她并不阻止错误所诞生的结果。她不会惩罚他珍贵的回头,理由简单——她的确爱他。她知道宽容的回馈。关键时候如果没有计谋,没有狠招,所谓的宽容便无用武之地,毕竟都是尘世凡人。

　　那件事情你处理好了吗　等他点完吃的喝的,她轻轻问道。她认真考虑过,如果她完全不问及他那朵小花的情况也不正常,现在正是时候　她想一个人生下孩子自己带　她的话都是经过拿捏的,把他们婚姻的完整继续摆在前头,再来谈论那朵小花的问题　现在的未婚妈妈比前些年普遍多了　人们的观念变得真快啊

雪儿　那件事早就完结了　我早该跟你说的　又觉得你应该知道　我并不想离开你　他对着酒杯低语，眼泪落在杯中　在你去日本期间　我说服她把孩子做掉了　他勇敢地抬起头来，看着她的眼睛

她表情夸张。在他看来她是惊讶于这个结果，实际上她是对他说出这句话感到震惊。她以为风波过去了，他们的婚姻将在颠簸过后稳稳地驶向未来，但现在她感觉海浪重新摇晃，令她晕眩。

我看了你的纸条以后　一直在想这个问题　我已经犯了错误　难道我要让这错误永远无法更改吗　难道我真的要撕裂我们这么美好的婚姻吗　我几夜没睡　非常愧疚　我去找她谈　我说我没有资格要这个孩子　我给不了他任何东西　我不能离开我的妻子　他说得深沉有板有眼，她才发现他惊人的表演天赋，于是像评委一样仔细地观察聆听　她说那怎么办　我说这件事情都有责任　我肯定不会甩手不管　幸好钱能解决问题　就这样　我提出给她补偿五万　她要十万　最后给了她八万　你听到了　是不是像一桩生意　他鼻孔里喷出一口气，轻蔑地摇了摇头，完了又郑重地看着她　你不知道　有你在身边我感觉有多么好　雪儿　我们是经得住风霜的　我会更珍惜我们的感情

他编得越来越真，也越来越离谱。她感觉他的身体越来越小，一直小到像动物一样趴在地上。

差点犯下更大的错误　全都是我的责任　他态度诚恳　我以后看到别的女人就躲远点　都是些被金钱腐蚀的动物

谁让这世界上那么多人喜欢喂给这些动物金钱呢　她还是笑着　富有富喂　穷有穷喂　话又说回来　不喂人金钱喂什么呢

看来只有婚姻关系里才是免费的

燕尾服又端上来一道浓汤,一只手托盘,一只手背在后面,另来一双白手套将汤摆上桌。

她这时已经有了眼泪,一种远甚于知道母花存在更无望的悲伤使她浑身冰凉。从认识他到今天,她一直觉得他虽然谈不上多么高尚,但绝不是这样卑劣,他在母花事情上的这番谎言编造,与对母花的诋毁已将他自己推入卑鄙的深渊。她并不想把这个看作一个丈夫善意的谎言,她不想像别的女人那样想问题 甭管他对别的女人多渣 他对我(妻子)好就行了 她完全不能接受这样的观点,这就像当别人在啪啪扇自己丈夫耳光,自己明知道他是一只老鼠,却还要把他当作洁白的兔子,只因为这只老鼠从不在自己的窝里拉屎。那是愚蠢狭猾的想法。丈夫不是一枚硬币,妻子怎么能只管他朝向自己的一面而不管背面的泥污。如果他失去了她的欣赏——她不可能欣赏一只老鼠——她便不可能继续爱他,更别说跟他同床共枕。

她这时想的是,这些年他到底向她撒了多少谎。他的谎言毫无破绽,倘若不是她事先就知道母花的事情,必然就相信了他的这番言辞。他说得那么情深意切,声音那么温婉,与周围浪漫的环境十分契合。他要不是常常出入这种地方,怎么能和周围这么天衣无缝。

她是真正第一次来这种地方。过去单身的时候,她常去的是咖啡馆和图书馆,一直在努力学习,她也没有碰到过一个想到带她来这种地方的人。很有情调但总有点不自在,有的菜没见过,甚至都不知道怎么个吃法。盛放在红酒杯里的鹅肝,她以为是用来泡酒喝的。周围都是优雅的外国人，让她觉得自己刚从村里出来，整顿饭吃完她都没有完全放开。不过还得感谢他的表演分散了她的注意力，还有后面的悲伤，这些都让她不时忘了自己现实的处境。

尝一尝这个海鲜汤　他说。

她想他一定也给母花点过这道菜　尝一尝这个海鲜汤　他也一定这样对母花说过。她感到此时此刻只不过是一场复制，也许他的脑海里还闪现母花的面孔。她越来越不自在了，这不自在不是环境引起的，而是她感觉她的自尊心在一次又一次面临挑衅。她已经想到了晚上，当他们上床睡觉，他还会复制他与母花在夜里所做的事情，即便今天不是纪念日，紧随浪漫晚餐之后必然发生这样的程序。她此时便心生反感，仿佛他已经向她提出了要求。

你真不该带我来这个地方　她说　这种适合说花言巧语的环境

他感到莫名其妙　我精心挑选的　你说过你喜欢西餐

我没说过那样的话　他竟然混淆了她和母花，到底还是神魂颠倒

你怎么了　如果你不想破坏今天的气氛　为什么不说出来呢　他说道　从你进门坐下来之后　你就有点要惹事的样子　我们到今天还能这样坐在一起过结婚纪念日　真的很不容易　你也看到了我的态度　我在努力全身心地弥补这个家

破坏气氛　惹事　不容易　啊　你倒是一找到自己的位置就指责起人来了　你们都那样子了　我破坏过你们的气氛么吗　我是不是顶配合你的　咱们谁在惹事呢　谁在制造困难呢　你当真以为我不吵不闹就是那么软的柿子随你怎么捏　你当真以

为我生不出孩子　就应该永远向你抱愧　低三下四　你当真以为我是因为这样　才宽容你在外面的所作所为　你对女人的理解为什么这么狭隘

　　好了　有话咱们回去再说　先把这顿饭吃完吧　他息事宁人
　　她将杯子里的红酒一饮而尽，又喝了半杯水，静静地坐着表示已经吃饱。前面那番话不是她生气的内容，她真正生气的还是子宫问题，是那次不幸的流产。她不知道为什么一下子就将那种气愤转移到母花的事情上来了，好像要是她能生育，他就不会把母花的肚子弄起来。这里头确实不存在因果关系。
　　她生气那次遭遇。不是恨那个男人。她也讲不出究竟应该怪罪于什么。如果要怪自己，那简直太过残忍。总之，那件可悲的事情永远在她的生活里捣乱，像一个索债的死鬼阴魂不散，还引诱她去摧毁一朵小花，干下一件没有底线的邪恶罪行。他到死也不会知道她有过那么邪恶的念想，她自己却并不能轻易心安。
　　她能想象母花失去小花的悲痛，尤其在她已经准备为人妻母的时候，最后男人也离开了她。她当然不相信他给过母花八万块钱的胡诌，她从照片中看得出来，那并不是一朵贪财的浮花，是正经阳光下开放的本分花朵，受过良好的教育，只不过易受老男人知识和风趣的蛊惑。她更加相信大部分姑娘都要经历与已婚男人的蹉跎岁月，或长或短，或上位或出局，有多少这样的姑娘在医院等待流产时，忍受着难言的痛楚。
　　她当时在日本的酒店，在渐渐逼近的时间点紧张焦虑，脑海里不断浮现母花的影子。她的心肠忽软忽硬，有几回决定放弃计划，但一想到财经主笔和母花在一起的样子，一想到她在她们之间没有一席之地，连块绊脚石都算不上的时候，她的心又硬了起来。她忽而是自己，忽然是那朵母花，忽然自己和母花合成一个人。当她想联系那个不知名的执行者时，她的手机掉进马桶。她没有意识到她的手在颤抖，浑身发软。

当她收到母花在医院的消息，脑子嗡的一声炸响的。

人们通常会痛苦地在深夜里辗转反侧进行设计某种报复，但一到白天就否定了夜晚的胡思乱想，可是她似乎总在黑夜里，白天就不曾光顾，直到一切办妥后，白天才来到她的世界。她不敢相信自己真的这么做了。有一瞬间，她完全变成那朵失去孩子的母花，变成多年前的自己，忍不住失声痛哭。

她不能想象自己的手上沾着一朵花的鲜血。无论如何，她已经成为一个有污点的人——"污点"这个词还过于轻淡，她是一个罪人，一个杀手，一个疯子。

正当她站在审判席上接受自己的审判，灵魂开始承受煎熬时，她再次接到消息，执行者告诉她，母花在计划实施之前率先发生意外，他看到一辆救护车载走了她，他去医院确认母花流产。这并未让她觉得好过一点——她觉得那至少也是她的意念杀死了小花，小花死于她的诅咒。

她没有让丈夫看出一点破绽，她最后的表现是他回头的关键部分，她为自己挣得了满分。她真正的目的并不是要扳回他，所以其实心里没有受别的因素影响。她越看清自己越感到恐怖。她照镜子不是为了美，而是想看看自己的面目是否已经变得狰狞，她害怕哪天起来发现自己血盆大口，满脸兽毛。现在回想起来，她其实才是真正的演员，她演得多么生动，从日本回来吃最后的晚餐，到结婚纪念日的一幕一幕,她的演技比他不知高出多少倍。他越演越露出虚伪的马脚,她越演越呈现血肉的真实。也许那就是她自己,她演的是自己,一个我在观看,一个我在表演,有时两个我一起演,有时两个我一起观看。

她觉得自己走进了一条幽暗的通道那是舞台的布景,她不知道该继续演下去,还是回到真实中。她想象告诉他真相之后,他会有什么反应,如果他也有一个潜在的邪恶自我爆发出来,也许是毁灭性的。因为那否定了他对她的一切认知,倘若他发现他温婉有主见的妻子原来是蛇蝎心肠,发现她宽容大气性情平和的妻子原来是老奸巨猾,他也许会把她从窗台推下去,或者自己跳下去,或者推下她后自己也跟着跳下去。

用空盘端着账单的侍者站在边上等他刷卡签字。他低头写自己的名字时,她看见他鬓角的几缕白发,想起他们都是四十多岁的人了不觉一阵心酸。到底是什么魔鬼在驱使他和她犯下这样那样的错,放着好好的日子不过,凭空生出这么些事端,到底又是什么神秘旨令剥夺了一个无辜子宫的生育权利,引发那么多后遗症没完没了。

14

新月影楼成半荒废状态时,初冰离开兰溪镇,在广州老鼠街租了一爿门面卖包包和旅行箱,戴新月一个人老老实实地撑住那倾斜欲倒的生意大厦,生意无所谓有,也无所谓无,把柄落在女人手里的男人日子不好过也得过,并且装出知足舒心的样子。有人说初冰在广州早有了别人,不然为什么老往那边跑,最后还索性住过去了?但马上有人指出这种说法不可靠,既然那样她为什么不索性离婚,干吗还守着一个爱搞处女的瘸子?的确,并没有什么东西阻挡她追求新生活,人们在道义上甚至还是站在她这边的,他们乐意看到聪明能干讨邻舍喜欢的女人幸福美满,也乐意看到幸福美满的家庭分崩离析。就是这样,生活总得不断给他们提供新的看头。人们对戴新月还有另外一项指责,搞处女事件导致店面被砸影响了儿子戴为的学习,高考混了两百分之后,心安理得地成为社会青年。

也许是从小听戴新月讲部队讲战争故事,培养了他对武器和战争的爱好。他卧室里像个兵器库,摆着数不清的玩具枪、坦克、战斗机,还有子弹壳、武士刀、瑞士刀,有些是初冰从广州带回来的。他小时候一个人从卧室里打打杀杀,后来冲到街上和小朋友打打杀杀,高中毕业后他就走上了真正打打杀杀的路。大家都知道他腰间秘藏着几寸长的瑞士刀不顺意就拔出来捅人,他一出场就是不要命的搞法,连伤几人进了两次看守所之后开始扬名。

据说当他查出砸店者之后,便带上武士刀亲自将那个弄成重残,通过关系使自己脱身。他的凶狠人人皆知,不久他便成了人们口中的戴爷。

他和他的兄弟们全部剃着光头,他们灭掉了所有小打小闹的帮派独树一帜,禁止任何人向街坊收取保护费,他带着一帮兄弟出生入死,高利贷收发、替人追钱索债、调解纠纷、摆平矛盾,听起来像是一支干了警察的活的正义之师。二〇一一年戴新月五十大寿,一百张桌子摆满了整个步行街,任街坊吃喝,鞭炮花炮炸了一天晚上也闹到半夜,从此戴爷的名声叫得更加响亮,这时他也就二十出头。

光头帮结婚的人都自愿来新月影楼拍婚纱照,有时带来别的顾客,半死不活的新月影楼似乎有了一点生机。戴爷给他父亲一笔钱,让他关了影楼安度晚年,或者去他妈那儿,或者离婚再找一个,他妈再嫁一个,戴爷都没有意见,他就是觉得父母这样不如索性离婚,他仍然是他们的儿子,照样爱他们,并且他们离婚各自再结婚的话,他就多了一个父亲一个母亲,说不定还添几个弟弟妹妹,他就喜欢人丁兴旺亲戚多多。都说戴爷不单在外面吃得开,没想到处理家事也是开明达理,好多子女不同意父母离婚再婚,为此反目甚至打破脑壳的。就这事戴爷也给镇里树了典范,往后有子女反对离婚的就拿戴爷说事。

这些年去广州深圳已经没什么稀奇,有些在那边工作的人自己开车往返,他们挂着粤A、粤B的车牌出现在镇上,也新鲜过一阵。关于初冰的消息,就是这么一趟一趟捎回来的,说的事情都比较正面,还有些毫不吝啬的夸奖。说她到广州不出半年就说得一口流利的广东话,她天生是做生意的,那副笑脸那张嘴巴那双弯弯的单眼皮眼睛总有一招能网住顾客。店里干干净净的包包们,像士兵般按高矮顺序排列一目了然,总是播着邓丽君温柔缠绵的歌,创造出悠闲和伤感的气氛。顾客边看包包边听音乐,多数人买了包包送人听了邓丽君心中爱意徒增多花点钱也觉得心甘情愿,不知不觉就掏了腰包,欢欢喜喜。她还会酌情附带送些小东小西糖

果点心笼络人心　下次再来哦　不管顾客买多买少空手出去她都会说上这么一句,好像送走自己的亲戚。

有人倒是见过店里有个年轻男子在帮忙装灯,两个人用广东话有说有笑。那男子比她小四五岁,乍一看有点像戴新月的年轻版本,难以确定他们什么关系,至少是相熟的,不排除是灯具公司包安装的,或者只是一个普通的电工。还有一回,有个年纪比她略大四五岁,模样相当敦实的男子,靠在收银台外边跟她低声说话,好像在讨论什么严肃的事情,又或者是个追求者在恳请她同意一起去吃顿好的,而她始终生意太忙走不开。人们对她在广州店面以外的生活知道得不多,每天早出晚归,剩下晚上黑暗中的那几个小时她怎么度过,一个四十岁前挺后突分外妖娆的蓬勃女人,不可能长期孤枕孤宿。戴新月从不过来,她也回去稀少,她要怎么说服自己的身体安分老实甘于寂寞,这是人们好奇的。

外出的人有时候想找家乡人,说点家乡话,有的闲人会专程坐个巴士去她那儿闲聊。有一次人们发现她卷闸门紧闭,外面贴着一张告示

因急事外出暂休一天　明天正常营业

对于一个家在外地的女人,尤其是一个做生意的家在外地的女人,有什么突发事件能让她放下一天的收入暂停营业呢?这简直像一个案件的蛛丝马迹,让所有感兴趣的人在这一疑点上展开了推理想象。有的认为是去进货了,但现在进货根本不用人跑来跑去,都是网上跟厂家订购直接发货到家;有的人说可能去香港玩

了,但要她这种双手奋力抓钱的人放下生意关门去耍,像要老虎改吃青草一样费力。最后有人想到一个刁钻而隐秘的原因:取环。没有任何人找得出理由质疑反驳,人们就这么单方面给她盖棺论定,先提出论点,再进行论证。

令人惊讶的是,他们的判断完全正确。她自己亲口说出来的,她那天的确是去医院取环了,这没有什么好隐瞒的。但对于为什么要取环语焉不详,好像说环已经到期索性取了。因为身体有些指标正常,且不是最佳取环时间,暂不能做取环手术,跟她母亲一样,节育环长进肉里了,不过还没有完全覆盖。术后需要休息一周,她不想错过接下来的黄金生意周,怕疼也是一个潜在的原因。女人一生与子宫相依为命,它是女人健康的晴雨表,每个月在日历上划出几道红线,时时关注它的规律性,任何异常都可能是某种危险警报。也许有的人中途摘除了子宫,但绝大部分女人的子宫要经历怀孕、生子、避孕、流产、绝经等一系列与子宫有关的经验。

她没撒谎,但这不是事情的全部,过了两年人们才知道她取环的真实原因。她在那次关门之后的第三个月再次去了医院。因为擅自取环涉及政策法规问题,她找了一家私人小诊所,环取出一半,另一半断在里面,大出血之后转向大医院。她为此付出了很大的代价,吃尽了苦头,切掉子宫侥幸保住了命。

那段时间,一想到自己是个没有子宫的女人,就像看到没有家具的房间空空荡荡。甚至都觉得自己不是女人了,也不是男人,不是人类,而是一个怪物。她感觉自己就是一个空荡荡的房间,四壁苍白,不会有哪个男人有兴趣光顾一个空荡荡的房间。她后来告诉戴新月时,后者只是习惯性地沉默,对此没有特别的表示。对他来说那个东西可有可无,他过着连房间都没有的生活,又哪会在乎什么家不家具。

后来人们锁定那个比她小五六岁的电工或者朋友是她取环的原因。她确实动了离婚的心。她和他约定的是先怀孕再说,因为只有这样她才有足够的理由和动力去和丈夫离婚——她是一个重感情的人,她需要借外部力量来抛弃过去的生活,尽管他们各居一地,但他们都认可这种生活方式,平和宁静,互不干涉。即便如此她也不算亏欠丈夫,他当年搞出来的那些事让她丢脸,但她仍然宽容了他。人们可以说那时候她没有离婚的实力,她还依赖于这个家庭,但也不真实,她是可以离开的,只不过或许会比现在辛苦一点,走点弯路,凭她的能干绝不会振作不起。电工是真心实意的电工,他读过高中学了这门技术一直与电打交道,有时跟装修队伍一起接揽装修工程,他负责铺装电线。这是非常复杂的工程,他说他这辈子铺过的电线可以从广州伸到她湖南那个镇里再绕回来。

起先她只是为了解决身体需求,她还没有碰过除丈夫以外的男人,电工年轻肯干,带给她惊心动魄的夜晚,也惊动了感情,进而谈婚论嫁。

她热爱广州。她知道自己不可能再回到原来的小镇生活,那种日子已经变得越来越遥远,她必须集中精力追赶广州的新变化。她计划在两年内完成房车计划,她已经报考驾照在清早和夜里约教练学车,店铺照常营业。她也考虑雇一个能说会道的诚实姑娘帮忙,又终归舍不得开出这份工资,觉得自己还能对付。老鼠街上的店铺她也差不多认得七七八八,谁要有事临时离开都会彼此照应。生意清淡的时节,一些女人们也凑在店门口,聊天嗑瓜子说八卦,竟然也有了小镇那样的气氛。只不过这里的女人们聊的除了老家那些事,还会有广州的事、全国的事,甚至国际上发生了什么空难、战争、明星出轨离婚生子等等,当然更多的还是把孩子和老公挂在嘴上。

大家熟了以后也会说点卧室里的事情,描述自己买了件什么新款的情趣内衣,怎么惊了丈夫一惊;一个女人说她夜里只穿了一双长筒丝袜,专给丈夫来撕烂增加情趣,结果被丈夫小心翼翼地脱了下来。大家一起笑个不停。这些事情初冰结婚不久便从毛片里学过用过,她才知道自己原是这么超前不觉心里暗自得意,撕丝袜、穿制服、蒙眼睛、捆绑……这些花样她也和电工一起玩得十分欢愉。

但这些在取环后都发生了改变。首先是她自己心理产生了障碍。失去子宫以后,她对世界的欲望也被切除了,天空暗了半边。仿佛街上的人都能看见她身体里那个空置的黑洞,那里一无所有而且充满阴冷,那里像太空一切都在飘舞,没有一粒种子能生根发芽。她感觉自己与老鼠街的女人不一样了,她孤立自己,静静地待在店里听邓丽君,对顾客也是有问才答不多说话。她花了很久才接受这个现实,适应那个空洞,脸色渐渐好起来。

她也发现了电工的不自在,他犹犹疑疑,好像有点害怕,勉强碰了她几回,彼此都没找到乐趣。她也不知道对他来说有什么实质性的不同,也许像一个人走进空房子,产生某种孤零零的感觉。她没有问过他。他们甚至没有正儿八经地聊过子宫的问题,就像他们避免谈及一个走失的孩子,心里默默期待他突然回来。

有天晚上她跟他摊牌,结束他们的关系,但电工不干。起先她以为他过于爱她难以舍弃,莫名感动之际,电工说他乡下建房子借了别人八万块钱,现在被追得很紧,她也许能够帮他一把。他们在一起不到一年的时间,过去店里的事电工倒是帮过不少忙,但都是他自愿的,她没想到最后要付出最昂贵的工价。当然她明白电工的意思,他在这儿付出的感情与肉体应该得到回报,八万块就是他开出的价。

若按当时市场行情来讲,不算多,她拿得出,但是她付出的感情和肉体,是不是也得有所回报呢?她就是这么跟他说的。他说要真按市场价来讲,鸭一向比鸡贵,鸡一晚五百,鸭一晚五千,鸡是鸭的十分之一,他还立刻算出八万块的十分九是七万二,拿七万他什么都不讲了。她惊愕于这种赤裸裸的无耻勒索,毫无愧色,好像他真的是干那一行的。她才明白他其实一早就是奔她的生意来的,像他们这种年轻力壮的人,在床上卖点力气确实比干什么都容易。他应该不止一次来这一手,甚至同一时期不止和她一个。她记起来有几回联系不上他,一个单身男人关什么机呢?他在她这儿也是关机的,他说的是有些兄弟老叫他出去喝啤酒,完全不管他是不是和自己的女人正忙些私活。她相信他,并且觉得他这样的做法很讨她欢心。她这时才明白外面到处都是陷阱,虽然自己结过婚养过孩子,但在感情游戏上她真的不是个老手。她还从没想过这种事情也会有骗局,而且会发生在她的身上。

她不能报警,不能求助,更不敢惹事。她也吃准了他这种人绝对也不会有什么过激行为,因为他并不是付出了真爱,就是一个钱多钱少的问题。她此时运用了顾客买卖包包的心理,反向思维,她知道顾客开出的价位,往往是压低了真正的心理价位的,比如当顾客愿意出八百买一个包包的时候,实际上一千,一千二也是能成的,所以这时候她通常会说不行,进价都不止八百,这样吧,今天开张生意,我不蚀本,卖给你一千三,于是顾客加一百,她退一百,二进二退就到了顾客的心理价位,一千块钱成交。

于是她对他说了一大通付不了七万的理由:生意清淡,囤了货,家里装修房子,儿子交学费等等,她只拿得出四万。于是一进二退间五万成交。

看着电工离开的背影,她暗自欣喜自己的谈判能力,回头想到自己损失了五万块钱,还发挥阿Q精神,就有点生气,如果不给他钱,打电话报警,告他敲诈勒索,也许他就灰溜溜地走了。也有可能日后报复,她每天都会提心吊胆,不知道会发生什么出其不意的事情。

这些只有老鼠街一个女的知道。这女的是浙江来的,爱穿虎皮豹纹,像头野生动物。她说她也遇到过电工这样的男人,他们专找有点钱的女人下手,有一门不怎么精通的技术作幌子,喜欢乘虚而入。比如丈夫不在身边的,比如失恋期间忧伤不振的,他们像及时雨一样给予慰藉,你事后才知道以爱情的名义进行诈骗,一切都不是免费的,这笔账根本算不清 利利索索地处理掉是对的 他们要是不得手就会像苍蝇一样在你周围不断嗡嗡地飞 如果早点听到野生动物这番话,她也就不至于轻易上当

出来混总是要交学费的 这是印在某些服装和茶杯上的标语。她这笔学费交的不仅仅是五万块钱,还有一个子宫,无价的子宫。她把他睡过的床套全部清洗,在洗衣机嗡嗡搅动的声响中低声哭了一场。

她忽然非常想念镇里的生活,她在那里可从没有遭过什么罪,日子顺顺当当的,什么也不缺。她思考了一下自己孤身来广州的意义,到底是为了把生意做起来,还是为了躲避婚姻中的不愉快。她第一次反省自己离开小镇的做法对戴新月以及家庭的伤害,既然选择了宽容,就应该往好里处,而不是这样将他打入冷宫,紧接着报复性地与电工发展关系。

她想起了和丈夫恩爱的过去,他一直对她不坏,不能因为他的一次错误就抹掉全部的恩情。她在广州看到听到好多丈夫和情人的故事,老鼠街的女人自曝家丑时,说起她怎么和第三者斗法,最终胜利保全家庭的经历,将矛头完全针对另一个女人,对丈夫没有半点贬意。她们称外面的女人为野狗,遇到那些跑家里来偷食的野狗就要毫不留情地出击,打得她下次不敢再犯。她倒没有这样想,她认为总有些痛苦的真情发生在这样的关系中,二十一世纪社会开放,恋爱自由,思想现代,在两性情爱中,除了婚姻这座大山的阻挠,还会有什么不可逾越的障碍使相爱的两个人无法结合呢?世界就这么一团糟,有的人浑水摸鱼,有的人情不自禁,她承认她两者都沾一点,有点晕头转向。

她想过回家调养身体,但把自己弄成那个样子回去又觉得羞愧。她买了一口电炖锅放在店里炖滋补汤,自己照顾自己,兼顾生意。她度过了人生中最艰难的一段。这个特殊的意外事件,让她变得既软弱又坚强。她没吃过什么苦,生孩子也只是瓜熟蒂落,并不像别人描述的那样痛得想死。如果她不来广州,接下来的生活将会更加舒服。儿子接过担子撑起了家,他比镇里的同龄人早懂事并且一下子就拼出了名堂,虽不是什么机关干部银行职员等之类的正经工作,但很为戴家挣脸镇上人人看得起他。

想到遥远的儿子与家,她心里一阵温暖,复又一阵失落。

我这是在干什么 自讨苦吃 第二天照镜子,发现鬓角一根白头发,她的心里又凉了半截。

她还是坚持做下去,这时候已经没有什么明确的目标,只是机械维持。市里陆续新开了几条老鼠街,生意明显清淡,客流量少了一多半,有时整个下午都没有人进到店里来问东问西。人们总是喜欢去新的地方,并且将老地方彻底忘掉。过了不久,整个老鼠街店铺都接到搬迁通知,因为拆迁的缘故,限所有商户三个月内全部清理搬走,而上一月房东还在涨租金,不是一百两百,而是百分之二十,理由是房价涨了,租不租随你。最后的狂欢到了,人们都知道这儿要拆迁会有清仓大甩卖,忽然间又将老鼠街狭窄的步行通道堵得水泄不通。她也挂出了二折清仓的牌子亏本出售,这个客观事件同时给了她堂而皇之的回家理由,她再也用不着犹豫了。

她回镇的那天同样给街坊带了许多小礼物,还特意留下了几件商品送给交情较深的朋友。她故意向别人抱怨拆迁使她不得不终结生意,房东躲起来了,她多付的几个月房租打了水漂。别人问她还去不去广州,她回答到时候再看。有人说别去了,外面的钱不好挣,好好经营影楼,或者想一想别的小生意,总之挣的全落在袋里,不用交房租,待在家里踏踏实实,比漂在外面强。她说外面挣的是多一点,但也就那样,成不了大老板,做不成上市公司,却真的比当大老板辛苦,忙里忙外,还跟人讨价还价,几年下来嘴皮都磨薄了很多。

一看自己要开始诉苦了,她赶紧警觉地打住,生怕自己一留神就说出了不该说的。这时候还没有人知道她与她的子宫已经天各一方，没有人看见她身体里的黑暗虚空，人们想的是这下他们夫妻之间的问题过去了。

这个小堂客儿*32蛮厉害　硬是让她男人坐了几年冷板凳　戴老板这两年老了不少她自己也有白头发了　人真的是经不得搞哩

人们这么感慨着先自翻过这一页。他们又看见这个小个子女人忙里忙外收拾店面，门口摆了两棵发财树，花瓶里插上玫瑰花，重新调整了模特位置，玻璃擦了又擦，地板拖了又拖，两眼弯弯笑了又笑。但也有人偷看到她眼睛不弯的时候，直直地盯着某个地方元神出窍，但也就那么一小会儿，就像受到惊吓做出停顿。

戴爷不住家里，但经常回来，揽着他妈，也不叫妈，而是像街上流行的对女性的称呼　美女

美女　我们今天出去吃野脚鱼怎么样

她和戴新月之间既没有和好如初，也不像近两年这样有名无实。他们继续过起了夫妻生活，那些没经历过什么的老夫老妻也不过如此，不咸不淡，但是知道永远是自家人。某天夜里她告诉他，她的子宫丢了。他也没问怎么丢的，只说那东西反正也用不着了，人没丢就行。她当时没有细说，第二个晚上，她把事先编好的那套谎言讲给他听。她说广州医疗队在社区做免费查环，查到她的环已经到期，且有一半已经长进肉里，建议她立刻手术取出来。结果手术失败，取出一半还有一半断在里面，取那半截时大出血，为了保命，医生切除了子宫，她当时差点以为自己真的回不了家。所幸的是在广州这样的大医院，医疗条件好，医生技术前进，不然

她这个人可就真的丢在外面了。

发生这么紧急的事情　你应该通知家里的　至少你该打电话给儿子　你在外面吃了不少苦头　回家了就好　他语气仍是平淡

15

后来,王阳冥想请一个人帮忙照顾吴爱香。他心疼妻子在这件事情上过于劳累,他们有钱,可以雇一个二十四小时的陪护,在村里找一个手脚麻利心地良善的妇女,每月给她两三千块钱,不愁她不好好干。初月想了想还是觉得不妥,外人照顾到底没有自家人贴心,更何况母亲子女这么多,生了病却没有人愿意陪在身边,情理上说不过去,他们做晚辈的都会被人耻笑。她认为做些分内的事再辛苦都是应该的,千万不能去花钱买孝,这些事情就该子女亲力亲为。初月从不抱怨照顾母亲的担子落在自己一个人身上。王阳冥经常感叹他前世修来的福分娶此贤妻,生活毫无瑕疵。这时候他们的儿女都羽翼丰满远离鸟巢在他们自己的高空飞翔,他的风水业务不像过去那么频繁,有时很久都没有一单生意。但已经积累了足够的财富供他们安度晚年。他年纪大了,也不喜欢往外面跑,愿意守着妻子打造的花园,弄弄花草,做做美食,听听花鼓戏如果附近死了人,就去丧礼上听道场先生唱道场,在心里评价。要是唱得好的,就喊上初月,推着吴爱香一起去听,唱得不好的,就回来嘲笑一通。

吴爱香也爱听花鼓戏,听做道场,只要发出那种敲锣打鼓的声音她就静止不动,眼睛呆呆地看着地面,仿佛听得出了神,谁说话她都不搭理。不过,平时她也是这样,总是一副沉思的表情,好像有一件非常重要的事情还没有考虑清楚。有时候她一边说话,一边用手指头在腿上写字。有时候忽然大叫初月的名字,但当初月走到她面前时,她却问她是谁。有时候她忘了该怎么吞咽,有时候吃了几碗粥还喊饿。她吃布吃纸吃所有抓到手的东西,被夺走时就委屈地哭泣,像个三岁小女孩子声音又尖又细。她有几天说胡话,不吃不喝彻夜不睡,精力十分旺盛,三天就把自己弄垮了。接着又两天不吭声,嘴巴紧闭撬都撬不开,好像是绝食求死。靠输蛋白营养液维持。在医院养了一个月好转出院,她变得安静听话,要她干什么就干什么。有时说几句莫名其妙的话,都是和她的生活相关联的,比如杂货铺、头巾、农场去兰溪,语句颠三倒四。熟悉的人大约能拼凑出她的意思。

初月和王阳冥被吴爱香折磨得筋疲力尽。初月一个通宵下来两只黑眼圈,王阳冥也是熬得整张脸都是黑的。探望吴爱香的乡邻发现王阳冥脸黑得异常,表示愿意轮班替换照顾几个夜班。王阳冥这时也觉得自己不大舒服,好像是胸口,也像是嗓子,莫名其妙地发过一阵低烧,吃了药剂似乎有所缓解。

吴爱香出院的第二周,王阳冥高烧入院。拿到检查结果的初月仿佛五雷轰顶,靠在墙上半天没动。

面对医生她几近窒息。医生说这种病很容易确诊,到了晚期余下的生命不长,少则两个月,多则一年半载,是所有癌症中死亡率最高的。

初月被抽了筋似的，只觉得浑身没劲，马上就要瘫软在地。她平生第一次独自处理这么重大的事情，而且事关生死，完全六神无主。当她想到家里的存款，便抓到了救命稻草浮出水面，有钱，他们可以去北京最好的医院，找最好的医生，倾家荡产也要治好丈夫的病。

她第一个电话是打给初玉的。初玉吃了一惊，听她一字一句读完检查结果，她说得比其他医生更为严峻，她讲真话从不留情。她说这种病越往后发展越快，很快会封喉，滴水难进，安装支架也许多活两个月，但是毫无生活质量，患者会痛苦不堪饱受折磨。她认为到北京来治疗，除了多花钱受罪，结果都是一样的，前不久一个家产几亿的企业家也是同样的病，入院三个月就死了，谁都无能为力。

  我们是自家人　我不建议你到北京来花冤枉钱　姐夫的病晚期症状明显　剩下的时间不多　尽力陪好吧

  怎么能眼睁睁地看着不救他　我们那些钱存着有什么用

  不是不救　是救不了　上帝也救不了

  他自己还不知道

  最好是趁早告诉他　免得留下什么遗憾

  那么残忍的话　我怎么说得出口啊

  他见过那么多生生死死　不至于不堪重击　你也需要他　你们应该一起面对

  是啊　没有他来拿主意　我真的不知道怎么办　这么多年他把什么事情都理得顺顺当当的　这下碰到难题了　一难就难成这样　谁也帮不了

振作一点　就算真到了那一步　他也算是有过得蛮不错的　你们这一家是最幸福的　没出过什么乱子

　　他要是能活到八九十　我也情愿出点乱子

　　你说是这么说　你会乐意他在外面把别的女人弄大肚子吗　你会乐意他甚至要跟你离婚娶别人吗　你这种糍粑心*33　算你运气好　不然呢　不知道会受多少气

　　他要是那么坏　我现在也不至于这样难过舍不得　他就是对人太好了　重话都没说过一句　对两个孩子他也是连指甲子都没弹过他们

　　多少人羡慕你呢　嫁给他就养得白白胖胖的　钱都给你抓着　建了那么好的房子　吃什么穿什么都随你愿　哪个女人比得上你

　　那又有什么用　我情愿苦一点　只要他活着　好歹再活个五六年　这五六年什么都不管了　我就带他只管到全国各地耍　吃　搞旅游

　　嗯　大部分人都像你这样　平时什么也不想　到最后才发现活得不对　幸亏世界上没有后悔药吃

　　为什么这么讲

　　要有后悔药吃　就不会有珍惜这个词了　正因为时间一去不复返　人到世上只有一张单程票　有的东西过了就是过了

　　说这些又有什么用呢

　　你要是自己想得清楚　稳得住　让我放心　我就没什么说的　尽快接受现实　面对现实　姐夫你不用瞒他　但注意你自己的情绪　不要哭哭啼啼

初月本来只是抽泣,听了这话反倒放声大哭,后悔自己对他不够好,某年某月某日看中了一件衣服,太贵,没舍得买给他穿;他爱吃红烧肉,她却没学着烧一顿给他吃,也没陪他看几场戏

他又要种田　又要看风水　手脚勤快　屋里屋外一手挡　冇得别的爱好　去打点小牌我还念　念得他小牌也不打了　只在花园扯草摘黄叶子　看看电视听听新闻　有一回夜里他呼噜打得太响　我推了他一把　没想到一推就推下了床　跌破了半边脸　以后夜里他不打呼噜了　夜里怎么睡得着觉　我要是晓得他会得这种病　我要是晓得他这么快就要走　啊　我心里后悔得疼哪

初玉静静地听着,让她发泄。她理解初月的心情。他们夫妻两人结婚这么多年,从来没分开过,所有的夜晚都是两个人在一张床上度过,所有的日子都是两个人亲手创造,这么多年他们的心长在一起,忽然要一分为二,必定是疼痛难忍。她早些清醒做好最糟糕的打算,真有什么奇迹发生,惊喜欢欣就会成倍地增长。六年前,妮子遇到一个年纪不大的淋巴癌病人,病危通知下了好多回,家属后事都准备好了,所有亲戚都赶到医院送终,患者父母悲伤欲绝,妻子哭得死去活来,最后患者没死,直到现在仍然活着。但王阳冥的病出现奇迹的概率几乎没有,因为晚期输送食物营养的通道会被封死,食管烂掉,二十天内癌细胞会扩散全身。

我想不通呀　他一个好人　积善积德　为什么会得到这样的惩罚　得个病都得的这么难治　只要他活着　我天天推轮椅伺候他也心甘情愿啊　为什么一点希望都不给我们　初玉　你想想办法啊　要不去美国治　行不行　美国医学发达　去美国治

初月　你稍微冷静一下　我跟你说一说具体情况　现在国内

的医学技术不比美国差　美国人得了这个病也没有办法　不要迷信外国　还有啊　去美国要办签证　办签证要预约要排队要面试　签证顺利下来要一二十天　飞机上飞十几个小时恐怕就会把病人折腾死　除非你用专机配专用医务人员和医疗设备　你那点存款还没出国门就花得一干二净了　你不要再胡思乱想了　初月　现在放下电话　先平静情绪　好好想想怎么告诉姐夫病情

　　如果你实在觉得开不了口　由我来告诉他也可以　但我认为你告诉他是最合适的　因为这是你向他展示你的坚强　证明你不会让他担心　你也知道他最怕你接受不了　你的平静情绪是另一种良药

　　嗯　还是我来说吧　初月重重地叹息一声挂了电话，站在墙角不动，眼看着医院来来往往的人，神情恍惚。

　　头发掉光的、坐轮椅的、躺滚轮床上的、挂拐杖的、打绷带的、头破血流的，熙熙攘攘，匆匆忙忙，做检查、排队、叫号、计费、抓药、打针，几个人推着急救车疾速奔往抢救室，后面跟着几个惊恐哭泣的女人。她看着那些一晃而过的残缺身影、悲伤的面孔、无奈的表情，她感觉自己比他们谁都不幸，因为她的丈夫无药可救，有钱也没用，甚至连这样奔忙求医抓药的希望都没有了。她只经历过奶奶的死亡，奶奶的死亡是一种令人心安的死亡，安详恬静，大家都觉得她去了更好的地方、更好的归宿。但现在不一样。她觉得四周气氛阴森，像地狱一样阴冷。她又看了一眼检查单，这份死亡判决书，她几乎要掐烂这张打印着诊断结果的白纸，如果撕掉它，就撕掉了噩耗，她一定能用双手将它捻成齑粉。

　　你的检查什么结果　一个中年女人靠过来问道　我老公肝癌

晚期　我也不晓得怎么办　治也是死　不治也是死　治了人财两空　不治就一线希望都冇得了

一种同病相怜的感情推动两个互不相识的患者家属聊了起来。也许他人痛苦的参照减轻了内心的不幸,初月不觉同情起眼前的女人来,可怜她的老公才四十六岁,日子才好过一点,就查出了绝症,而王阳冥好歹比他多享受了十几年的生活。这个患者家属的现身说法比初月医生般的冷静劝慰更有效果。眼看着中年女人沉重的背影消失在人群中,初月希望她的丈夫能活下来,至少再陪她几年,看到他儿子结婚生子。

她擦干眼泪,攥了一把鼻涕,将纸巾扔进垃圾桶,舒出一口长气——她打算这就如实告诉丈夫,他剩下的日子不多了。

这时初云打来电话问检查结果,初月就把刚刚准备跟王阳冥说的那番话跟初云说了,初云听了不相信,她说人还好好的,就说这些不吉利的话

积极治疗　要有好心态　我这里有些钱尽管拿去用　不够了咱们再凑　要不要到北京找初玉　北京的医院最好　好多病别的地方治不好　到北京就治好了

我问过初玉了　她说到美国去治也没用　纯粹是花冤枉钱　但我还是想去　不去就什么希望也没有了

哪有不花钱救人的　谁知道是不是花的冤枉钱　万一呢

万一什么

万一真的治好了

你知道这个病是没救的　对吧

是的　我们村有一个人就是这个病　查出来一个半月就死

了　但我们不能这么早泄气　同样的病　不同的人　不同的体质　结果也会不一样的

你说的是奇迹

就算是这样吧　如果你想他活着　现在就得相信奇迹

我当然想他活着　但我长这么大从来没见过奇迹　奇迹长什么样

初雪知道了不

暂时还没有告诉她　谁也帮不了

我马上通知她　咱们大家庭里的事情　从来都是一起想办法的　像恩妈说的　团结互爱

来看望王阳冥的人，都说些连自己都不信的积极安慰的话,小心地守着除他之外大家都知道的秘密,个个笑容满面,好像住个院是因祸得福。初月还没找到合适的时间说出病情,是王阳冥自己先挑明了。

检查结果不好　不要怕我受不了　我什么准备都有　过去到我这年纪就算高寿了　再说　我这辈子没什么不知足的　他露出黝黑的笑容　我打呼噜吵得你睡不好　以后你可以睡清净觉了

一个玩笑把初月说得泪眼婆娑,转过身抹了又抹。

先别急着告诉孩子们　搞得他们丢下工作跑回来　又帮不上什么忙　我跟你说　初月　退一步想　我这样还是好的哩　要是那种早上离家就回不来的　亲人最后连一句话都说不上　那得多遗憾啊　我们还有的是时间

初月什么也说不出来。她不知道他以为还有多少时间。他的病情他究竟知道多少。她没有问。也不打算告诉他。他也没有问他还有多少时间，也就是把每天都当最后一天过。

我有点想抽根烟　只是想　你不抽烟不知道　抽烟还是挺舒服的

等你出院后　你想抽烟　想喝酒　都随你吧　初月说道　我给你做红烧肉吃　我跟初云学　她对这个有研究

不晓得阎王老子同意不　我要是还有那个口福　我给菩萨磕一万个头　再修一座庙

你别说这种不吉利的话　现在医学这么发达　只要发现得早　什么病不能治　初月忽然不打算说出他的期限，也许自己心里又产生了希望　你记得李木匠吧　他的病当时不也是说得吓死人吗　现在照样活得好好的　你一辈子做好事　阎王老子也不会这么没良心

你可莫想着给阎王老子送什么礼　你不会认为他受过李木匠的贿赂吧　王阳冥说完一阵咳嗽　那鬼东西是铁面无私的

你越说越没正经了　初月不知道该哭该笑　哪有你这样拿自己的生死开玩笑的

好好好　说点正经的　医生说我还能活多久　他问道　我看他们说的　是不是跟天气预报一样不可靠

初月想了想回答　医生没说太具体　只说不容乐观　手术动不了　只能化疗看效果　有的体质对药物敏感　有的效果差一点

你看我会是敏感的吗　我这辈子就没打过针吃过药　也就应了那句老话　没打过针　没吃过药　一病就是大病啊

你肯定是对药物敏感吸收强　而且你体质好　筋骨扎实　肯定会有好结果

药物这东西没你这么感性　它们一点都不会怜悯哪一个　你净说消极的话　开玩笑也不讲个时间场合　我可笑不出来

王阳冥头偏到另一边,久久没有转过头来看她一眼。

他入院时便隐隐觉得凶多吉少,只是没想到问题出在食道上,死神就这么安排,毫无商量的余地,医生也无力反对。一个疗程的化疗之后,肿瘤小了,王阳冥也垮掉了,不能承受第二次化疗。癌细胞疯狂反扑,迅速占据脏腑与骨骼,肿瘤再次膨胀,挤破支架穿透气管,四十天后,王阳冥在他自己的床上停止了呼吸。

初月总在医院迷路,有时因为心慌,走着走着就忘了自己去哪里,或者到了那里又不记得来的目的,要么转半天找不到医务室。有时突然控制不住,就要扶墙揪胸暗哭一阵,尽量不在王阳冥面前伤心。那阵子医生护士病人家属都认识了这个乡村妇女,为判了死刑的丈夫跑上跑下好像救火。有一回堵着主治医生,要他给她丈夫用最好的药,做最好的治疗,好像她丈夫是个大人物,在她眼里她丈夫就是个大人物。

从王阳冥住院开始,人们看见她一路瘦下来,身材却显得好看了。她原本有双长腿,这些年到处长了肉,但腿还是直的,腿直人就精神,稍微收拾一下,过去的姿色就返回几分,快五十岁的乡下妇女像她这么经看的不多,像她这么平常养得好的也少。再美的坯子都经不起乡下生活的粗粝打磨,手要扯草要抠泥,脸要风吹日晒,屁股胯骨因生养变大,要是还有个什么风湿、骨关节变形,手脚伸出来能吓死人。同样的道理,相貌平平的女人只要养得好,浑身上下也会是肉香扑鼻。没有哪个乡下女人像初月那样,每天往脸上扑好几样东西,爽肤水精华素滋润油眼霜,隔几天敷一次面膜,桌上摆满了瓶瓶罐罐的护肤品,洗发水是香喷喷的进口货,将她那半边头发洗得乌黑顺溜,沐浴液也是进口的,皮肤洗得干干净净白里透红。起先医院有人以为她和王阳冥是一对父女,后来惊叹这个好看的堂客竟然是一坨老黑炭的妻子,当知道妻子头上有缺陷戴了假发时,心里才噢了一声 原来如此

人们亲眼看见这对夫妻感情深厚,既相敬如宾又随和默契,丈夫一天到晚还逗趣妻子,耍幽默嘴皮,跟护士开玩笑,给病室的人讲传奇,原本悲哀笼罩的病房里增添了轻盈气氛。他们也是眼见得王阳冥一天天败下去的,不管治疗多么辛苦,只要他能继续说出幽默的话,一切都不成问题。最后嗓子哑了发不出声音,他脸上才有了说不出话的痛苦——他知道那一天近了。

这时候初月天天去医务室找医生,想办法用最好的药,好像医生藏着好药不给她用。大约是见到了这个乡下妇女对丈夫不知疲倦的悉心照料,医生对她格外有耐心,态度温和亲切,说她丈夫得到了最好的治疗,已经延缓了几十天的生命,现在除了退烧、输营养液,已经没有可用的药物,他身体其他器官受影响,用药只会加速死亡。

儿女们这时已经回来了,寸步不离守着王阳冥,担心他一口气上不来就没了。

有人认为姓名跟命运有关,说初月名字没取好,初月不就是代表残缺嘛,叫初满月可能就不会少半边头发,也不至于不到五十岁便守了寡,人生残缺得更加厉害。人们不知道王阳冥死后最初的那段日子,初月是怎么过的,她一定有好长一段时间的辗转难眠,

夜晚哭哭睡睡，睡睡哭哭，一看见丈夫的衣物就伤心不已。她一直在整理他的东西。人们看到她将王阳冥的衣服垒得整整齐齐地摆在柜子里，他的皮鞋刷得雪亮的，他的草帽抖落了灰尘还挂在墙壁上。谈起王阳冥时，仿佛他还在世上，被某人请去看风水要到吃晚饭才回来。她也把院子里他用过的农具全部清理了一遍，用他做的锄头薅菜沟里的草，那里本也没什么可薅的。她不时抹一抹眼睛，不一会儿手心就磨起了水泡。大儿子接她去城里住，二儿子要带她去云南，她都拒绝了。

我现在可不能离开家里 我要是关了门 你爹进不来 找不到我怎么办

过了七七四十九天，她还是不愿离开。周年忌日后她才开始四处走动。即便这时候，谁也不会想到初月还会再嫁。她已经满五十岁，有一个孙子一个孙女，二胎政策刚放开，两个媳妇立刻怀上了。

这是二〇一六年初。他们把喜讯告诉母亲的时候，她正在收拾行李准备出去旅行，她报了一个夕阳红旅行团去上海和江浙地区。她没有跟初雪打电话，因为她要遵守旅行团的纪律不能擅自离队。这个团里的人只有她没出过远门，其他人全国各地都去了不少地方。

报名旅行之后，初月将所有的假发清洁好晒在太阳底下，坐到椅子上梳理自己的半边头发。人们已经对她那外星人似的脑袋习以为常，也不再觉得有多么刺眼，甚至以为她以后不打算戴那些玩意儿了。

人们发现他们有一连串的判断失误。她重新戴上假发，准备了旅行衣鞋,告诉村里人她要出去走走。王阳冥治病只花了一小部分积蓄,她晚年生活就算没有儿子也能高枕无忧。王阳冥在病床上给她算过这笔账,他让她替他到处看看,国内看完去国外。以前他们只知道攒钱不花钱,钱不花掉就对生活没价值。他还说过,往后遇到合适的她就找一个,不然一个人生活太孤单,他不想看到她一个人住在那么大的房子里,一个人打理那么大的花园,一个人过后面几十年的生活,过去社会对女人有种种不公平,条条框框把女人捆得死死的,那时候的女人们都很不幸

现在社会文明开放了 不像你奶奶和你母亲的年代 她们都是苦过的 年纪轻轻那么早就一个人熬 我为什么那么喜欢和你奶奶聊天 就是因为觉得她苦 我自己的母亲也是苦 比你奶奶你母亲好不到哪儿去 我平时不想看你受苦 死了更不想看到你受苦 儿子们也都会理解的 他们有他们的生活 带孙子这样的事情 你摆一边 先过好你自己 这样我才放心

她听进了他的话,到处走走看看。她恐怕是村里第一个这么做的,第一个舍得把攒的钱扔在路上。鸡也卖了,猪也杀了,花园不管了,一把锁落门十天半月不回来,一回来大包小包,将零食和纪念品发给村里人。她时常和一起旅行的人通电话,称他们是她的驴友,她和他们聊起来没完没了,往往在一通电话之后,就定好了春天去哪里,冬天又去哪里。不旅行的时候,她也经常去镇里买东西,看戏逛公园。她买了一张中国地图贴在堂屋里,因为分不清东南西北,她在这张地图上费了好大的力气才找到她去过的地方,用笔把地名圈起来,就像圈了一头野羊,往后这头羊就是自己的了。

三年下来,地图上满是圈圈到处是羊,她几乎去遍了中国南部所有的城市和著名景区。

在王阳冥的忌日给他烧纸点蜡烛时,她告诉他今年去了哪些地方,明年去哪些地方,转完南部去北方。她还想和他一起去西藏和新疆,因为去过的驴友告诉她,那里跟别的地方有很大的不同。她看了他们拍的照片,雪山、草原、淡蓝色的湖,都是她没见过的。但她没有告诉王阳冥她遇到了一个驴友,一个镇政府刚刚退休的干部,五年前妻子死于子宫癌,摘掉子宫仍然复发夺走了她的命。他劝初月不要为丈夫的死难过,他们这一带还有更多死于癌症的年轻人,他说那个统计数据说出来很吓人,她还是不知道为好,这是水质与土壤的双重污染的结果。她还没告诉王阳冥退休干部像他一样是个好人,旅行中对她十分照顾,样子跟他也有点像,个子差不多,皮肤白一点,当他们各自聊起伴侣临死前一个月的感受,彼此感觉两颗心碰到了一起。回来后她经常去镇里买东西,但不是一个人看戏逛公园,是退休干部牵着她的手一起做的这些事。他们约好明年八月去完新疆就考虑结婚。

去新疆前,退休干部到村里来了,村长和书记都认得他,一时间又多了几分融洽。她和退休干部的关系没有一个说闲话坏话的。只说初月名字虽然没取好,但是命硬扛得住,一个好人走了,又来一个好人,虽然现在城乡户口没有差别,但农民终究是农民,干部终究是干部,农民找干部仍然算高攀。当然也是因为她长得好,心地善,人不算太老,也不是那种食古不化的榆木脑壳,如果她不出去旅行,也许只能再嫁土地了。

人们本以为初月余下的日子会像她奶奶和母亲一样,坐在椅子里望着远处的田野日复一日直到死去。人们也不知道在退休干部之前，初月与另一个驴友有过一段不长的感情，因为驴友乘坐的另一辆旅游大巴掉进悬崖丢了命而告一段落。那是他们在四川的遭遇。她和他本应该坐在一辆车里的，因为那辆车质量差一点，有一个老太太晕车，但没有一个人愿意跟她调换，最后是她这个驴友去了，也可以说他是替老太太死了。她缅怀过他一阵子，但两人还没来得及产生特别深厚的感情，因此也容易抹掉。

这之后有一段她害怕旅行，她想起王阳冥说的早上出去晚上就回不来的那种意外，不寒而栗。她并不是一个喜欢冒险的人，从十六岁嫁给王阳冥起，她的生活就风平浪静，她这辈子只有过一次身体创伤，那就是生完两个孩子后的结扎刀口。她也想起王阳冥用两轮板车把她从医院拖回来的情景。他有时反手拖车，有时把车推到前面，一路上他都在对她说话，不管她是醒着，还是睡着了。他说的是好玩的事情，要是听到被子里传出她的笑声，他就心满意足，如果她既没笑也没喊痛那就是睡过去了。这时候他便嘴里胡乱哼些曲子，合着滚轮行进节奏一颠一颠。

从医院回来，路上得走两个小时。王阳冥推着她的女人，还有一个刚出生不久的娃，脸上有抹不干净的汗水和快乐。河堤高高的，牛羊在青草坡上吃草，河水清澈鳞纹微漾，垂柳摆过来拂过去，小鸟像一群孩子在树枝上欢快打斗叽叽喳喳。初月身上的皮肤滑溜溜的，他常常要费很大的力气才能抱紧她，那些热乎乎的夜晚，她在被窝里滑来滑去，他追逐她，像水里的两尾小鱼。一开始她不是这样，一开始她像头牛，四条腿死死地定着，怎么也赶它不动，她一点也不知道她应该叉开双腿双手搂住他的脖子，也不知道动用屁股碾碎床单，她就那样仰面朝天像被击毙了一样一动不动。她是生了第一个孩子以后才灵泛起来，灵泛得让他招架起来吃力，比起她被击毙的样子他更喜欢卖点力气。她虽然悟性不高，过了一年多才知道这是两个人的事情，不仅仅是女人躺着满足男人，但同样她无师自通的天赋也有惊人之处，夜里头咬来咬去忽然咬住他的腰间物半天不松口。他像老百姓看见日本鬼子进村举起双手慌了神，这是客观俯瞰的效果，而他感觉自己仿佛被晴天霹雳击中魂飞魄散，变化成数不清的小精灵飞舞。此后她经常这么干，他巴不得她这样干。后来他反过来也让她被晴天霹雳击中。于是她很快又怀上了，按政策法规打掉了，后来又怀了，又打掉了，最后合法生下了第二个儿子。这也是他对她呵护照顾不让她下田种地的一个因素。他对她的照顾不可谓不好，养得白白胖胖，后来这样的生活就成了规律习惯，也就索性不让她下田了。她想起这些眼眶都要红一下。他把她养成了城里女人。

他喜欢她把自己打扮得漂漂亮亮，喜欢听别人赞美他的妻子，他一点都不担心她被别的男人勾引走 一个女人要有多蠢 才会离开这么爱她的男人哩 他是这么说的。她从来没想过离开他，对别的男人没有任何念想，哪怕是在想象中，因为他把她的身心填得满满的。她又想起结扎后身体疼，喂奶都动不得，伤疤过了很久都是红的。王阳冥不说它像条蚯蚓或者蜈蚣，他说这伤疤在她的身上 就像狗在白雪地里尿了一道 这一道肮脏的痕迹破坏了雪地的美观，损坏了他妻子光滑的身体。有时候夜里摸到她的伤疤，他也会忍不住抱怨嘟囔 我们不生不就行了吗 非要拉上一刀

但也就这样，他从不在公开场合这么说，也不和人聊这种问题，

他像鱼缸里的金鱼一样,在小小的空间里愉快地游出各式花样,对河流湖泊或大海没有非分想法。后来做那事儿减少不少麻烦时心里稍获慰藉 拉一刀总算还有这么一点好处 但我还是情愿你这儿是完整的。

有一回到镇里帮人看风水,碰到街上有卖去疤痕软膏的,说是一个月看得见效果,八个月或一年疤痕就会全部消失。他一高兴买了十支,最后证明自己被那卖狗皮膏药的骗了,骂了几回,好像初月肚子上的疤痕是卖药的弄的。过了些年,他在电视上看到去疤痕广告,使用前后对比都有真人做模特,心想这回不会假了,这要是假的那电视台就是骗子,是诈骗团伙,于是又邮购了两个疗程的药,比以前镇上买的贵了很多倍 要是没有效果哪敢卖这么贵 他这种越贵越心安的心理最终也受到了打击,除了涂上去皮肤有点发热没有产生任何变化,伤疤还是那道伤疤,雪地里还是那条狗尿线。还有一回他专门到湘西找到传说中的苗医弄了些草药粉,冲水喝冲水涂擦,喝得初月脸上长出红颗粒大便干结,但伤疤还是那道伤疤。

他一生都在试图修补这个遗憾,一直没有放弃想办法恢复那片完整的雪地,但始终没有找到去疤痕的良方,这个心结直到他去世也没有解开 要是只生一个孩子就好了 这是唯一用不上的解决良方,但也就那么一说,他也未必真的愿意减少一个儿子来换取她身体的完整。

退休干部没见过她完美无缺的雪白皮肤,对那道伤疤倒没什么特别感受,那些跟他无关的历史他不多过问,现在和未来才是需要探讨的。他的双手也不那么热衷于在她身上探索,好像那些山丘和平原司空见惯，里面并不会有什么野兔子跑出来，更不会有别的野兽。他只喜欢捣鼓她那一个地方，好像光那儿就足够他忙活的了。她和他做那事儿算不上翻江倒海，但不时也有些电流通过，不至于电得昏厥，些许麻酥感倒也能令彼此心满意足。退休干部这方面比较节制，推崇养生做法，晚上就只做一次，不管她是不是还在兴致中，白天正襟危坐决不调情，私底下也不说淫话，人生汹涌澎湃到她这儿已只剩涓涓细流，他还将这涓涓细流细水长流，有时候几乎就看不见水流的痕迹。

　　早先她以为男人都会像王阳冥那样总是兴致勃勃，到六十岁那东西还是经久耐用，而且也不考虑养生做法把体内那几毫升东西当作琼浆玉液精打细算，对于这层风景，他们总是乘兴而去尽兴而归想去哪就去哪。好在她不是一个苛求的人，虽说都不如已故丈夫称她心意，她总能使事情圆润起来。她只是不时地，或者不合时宜地想起已故丈夫，在床上，在路上，在饭桌上，在一切人间的场所。

　　她也跟退休干部说起已故丈夫的好。起先没想到他会吃一个死人的醋，他吃醋的方式是描述他已故妻子年轻时的光芒替换她的话题，说他年轻时着迷大奶子姑娘，他已故妻子的胸又挺又圆藏都藏不住一下子就吸引了他。她父母都是机关干部。初月觉察到退休干部的心态之后，便不再说王阳冥，但不谈已故丈夫时她和退休干部之间的纽带好像断了，有什么障碍物竖在中间。她也明白了，她和退休干部两人都是在美满婚姻中另一半突然离世，所以对现任的状态很难轻易找到幸福感，不像那些从不幸婚姻中出来的。但也整体过得去，她本来也不是什么健谈的人，见识也不广，听退休干部讲这个村的选举,那个村的修路,哪个环节村干部贪了,哪个环节包工头偷了工,也不是毫无兴趣,还有一些水利工程,沟渠从谁家屋门口过都要全村开会争论好久的。他还说了一件诡异的事,有个妇女为了不许别人将死人埋在自己家屋门口,跳进挖好的坑里说什么也不起来,男人们则在坑外打架。他说那种坟眼不是随随便便能躺的,那妇女沾了晦气,没多久就病倒了,很快就死了,就埋在她争来的那个坟眼里。

发生在村里的事初月爱听,发生在镇机关的政治斗争沾上些桃花色彩的,她也爱听,哪个领导搞女人搞掉了官,哪个领导搞女人连升几级,哪个办公室主任把女秘书的肚子搞大了,摆平了,职位也保住了,全看他们平素里的为人,是好是歹,有没有冤家。她发现当女人出现在机关桃色事件中的时候,女人才是次要的,人们忘了女人,只关注那个领导的下场,村里同样的情况,结果不一样,人们只会关注女人,说女人不正经,男人被推到看不见的地方。退休干部也承认她说得有道理,其实不过是同样的事情不同的定性。

另外她和他在吃的问题上也有点不合拍。退休干部不吃鸡不吃鸭不吃黄鳝泥鳅脚鱼,尤其不能吃辣的,这一点特别不像湖南人。但他迁就她,桌上放碗开水,菜太辣先放里面打个滚,洗得碗里浮着红油,看不见一点清水。关于吃的问题就这么简单地解决了。

事实上退休干部年轻的时候是无辣不欢的,后来体检身体指标有些偏差,因此戒了一些食物,包括烟酒,什么偏差,严不严重危不危险,这些他一概没跟初月讲。等到他们谈婚论嫁时,退休干部那边出了问题。他的子女反对他再婚娶一个没文化的村妇。开始他搞不清他们反对他再婚,还是反对他娶一个没有文化的村妇,最后总算弄清楚子女的意思,他们不反对他同任何女人同居,就是不同意他结婚,甚至连没人送终,死了没人埋这样的威胁都说了出来。

大家猜子女们不想退休干部结婚,因为结了婚他的房子和财产就会被别人分走,他们堂而皇之的理由是怕他上当受骗,因为用不了多久他们那处片区每个家庭就会按人头户口进行拆迁补偿,谁能保证那个没做过任何贡献的女人,是不是以婚姻的名义来骗取一大笔钱。

也许是顶不住压力,也许是自身犹豫,退休干部摇摆了一段,拖延了考查期,搁下了结婚的事。初月不到镇里去,他也不到乡里来,一时间好像没这回事了一样。后来,知情人专门告诉初月,退休干部有严重的心脑血管病,随时都有可能头一偏就死了,他的儿子不同意他们结婚,担心她骗他们的家产。

初月听了很吃惊。她根本不知道他有什么家产,她觉得这是她活着受到的最大的侮辱,这侮辱甚至波及她的已故丈夫。她的丈夫建起了这么大的房子,家里有花园有存款,衣食无忧,他就是让她带着尊严去找另一半,不是去乞食,更不会行骗。她想婚姻在世人眼中已经成了道具,越发达经济越好,人们对婚姻越不信任,要么是他们在结婚这件事上本身比较势利,遇到比自己穷的怕别人骗婚骗钱,遇到比自己富的怕别人说自己骗婚骗钱,要么是他们自己的心掉进钱眼里了。她并没有多生气,只对着王阳冥的遗像说了一番心里话,最后她说道

要找个像你这样的人　哪怕是有七八分接近　恐怕也是不可

能了　我懒得费那心思了　说完好像听到王阳冥反对，又与他争执了几句　你也别逼我　我真的不想找了　本来以为是件简单的事　没想到比年轻时找对象复杂困难得多　我一点都不知道外面那些人心里想什么　为什么要那么想　我干吗要花那精力去知道那些与我无关的东西

有一天上午她没打电话直接到了镇里，在公园的小湖边找到退休干部。她知道他总在这里钓鱼，此前她觉得他钓鱼时显得很有文化，她挺喜欢他和水那么近距离地对望的感觉，这次却发现他的样子越钓越透着暮气。她想他坐在那里已经开始腐朽了，她甚至听到了他骨骼腐烂的声音。她想告诉他这种感觉，想说他老得很快，又觉得没有必要，她不是来要他年轻的，他是个有文化的退休干部，不需要一个乡村妇女教他怎么过日子，他的儿女们大约也是这类想法。

她看了眼装着清水的空鱼桶，另一个小桶里装着蚯蚓和蛆，他就坐在诱饵和清水空桶中间和她说话。他们的眼睛都看着水中随波纹起伏的浮漂，好像它一直在行走，走了很久却还在原地，有点像她和他的感情。她是这时才意识到的，她和他其实只停留在皮肤上，从来没有、永远也不会扎入血液中

年轻时结婚要父母点头　老了结婚又要子女允许　活着都不容易　我很庆幸我的孩子们支持我　巴不得我能找到幸福　不怕我上当受骗　一号大米养出百号人　我特别理解别人有不同的想法　我男人给我留下的钱　我这辈子怎么都花不完　我打算捐出一些给村里维修寺庙　保佑我们那块世代都有好风水

她对退休干部说了这番话，就这样与退休干部断了往来。过

了几个月,她听到消息,退休干部在买菜的路上跌了一跤,死了,脑出血。再往后她也没再遇到什么可以谈婚论嫁的人,她并不遗憾。

清明节儿子们回来给父亲扫墓。他们已经把墓修得漂漂亮亮,刻了墓碑雕了石狮,坟上种了开紫花的地草,到春天就像盖了一条花毯。外围的红玫瑰是初月种的。一路上撒了菊花种子,年年发芽开花夹道欢迎,别的扫墓的也沾了光。她经常散步,到墓地这儿才折返回家。

她做了一桌饭,已经学会了红烧肉,儿子们的父亲没吃到红烧肉,父亲的儿子们吃到了,做父亲的肯定也会心满意足。她也慢慢适应了饭桌上没有丈夫的说说笑笑。她的儿子们继承了父亲的轻松幽默,一家人吃饭聊天笑声不断。他们说着社会上的事情,忽然话锋一转,谈到母亲找老伴的问题上来。

他们原本是希望母亲能够自己遇到意中人,但几年过去了还没有结果,他们挺着急的,他们都相中了一个和她年纪不相上下的四川男人,做人诚恳做事勤劳,在城里有份工作——工不工作是次要的,只要他能让母亲快乐——四川男人二〇〇八年地震失去了家庭,孤身一人离开家乡,一直在外面谋生,再也没有回到那个悲伤之地的想法。他们认识他有两年了,算知根知底,认为他和她母亲会相处得很好。

初月想也没想就摇了头　你爹临死前也是要我再找一个　怕我一个人孤单　我找了一圈　谁都没有你爹好　你们也别张罗这个了　我就一个人到处走走看看　养养花草挺好的　你们要是愿意我帮你们带娃　就放这里给我带　我也不去跟你们住　住久了

就会有矛盾　我就待家里　哪里都不如家里舒服　你们有空回来看看　记得你爹的生日忌日　我给你们做点好吃的　这样的日子过下去我很知足　像你们说的再找个人　伴是有伴了　麻烦也增加了　不是所有的子女都像你们这样通情达理　干涉起来比父母包办婚姻还要厉害　老了没有独立能力一样要受委屈　被子女威胁说临死不给你送终　让你死了没人埋　连这种话都说得出来　简直是不知道他们自己是怎么长大的　教育出这样的子女也是爹妈的责任　看看你们　就知道你爹有多好了　善待别人　这是你爹说得最多的一句话　你们都在做　你们也会教你们的子女这么做　王家一代一代都是顶呱呱的好人　不因为别人坏自己也坏　不因为别人狡猾自己也狡猾　不因为别人掉钱眼里自己也掉钱眼里　这个世界不可能完全被野草覆盖　咱家就是要开出不一样的花　莫丢了本分　我养花草这么多年　我就是晓得　爱花的人比爱草的人多得多

　　儿子儿媳们都表示母亲说得对，他们认为母亲虽然只读了初中，但比那些受过高等教育的都知情达理，城里人钻钱眼比乡下人要钻得深得多。他们绝对不会忘记父亲和母亲身上的美德，因为那些东西已经在血液里遗传下来了。他们说了些城里的事情，那些悲剧都与金钱有关，而且可以避免。她便给他们讲了退休干部的故事，儿子们听了一声叹息，希望母亲无论如何还是找一个伴，不然他们在外面不放心，那个四川男人真的很好，个子也不高不矮，不胖不瘦，不抽烟，偶尔喝点小酒，他们和他很聊得来。

　　她是执拗不过,敷衍性地答应哪天见见,没几天儿子就真的开车来接她进城了。她完全没想到那是个看起来舒舒服服的男人，像村干部那样有知识,穿得也是干净利索。

第二次见面是四川男人主动约的。他搭巴士到镇里,他们找个小馆子吃了顿饭,然后去看了一场老生戏,一切就那么自然而然地发生了。然后她感觉他比看起来的舒服还要舒服,某种程度上像她已故丈夫一样,能将时间磨得粉碎,绝不会有一粒沙子掺杂其中,让石磨嘎嘎作响。

他们关系比较亲密了的时候,他谈到他热爱土地,他想创业,他说现在那么多人都抛弃农田到城里谋生,如果租些荒田来挖掘发展养殖,经济前景更好。他在城里工作这些年一直在想这个事情,他积累了销售渠道,摸清了一些门路,也自学了一些养殖技术。他愿意回村里和她一起去做这件大事,当然是一起生活。在城里漂泊多年,他始终没有归属感,他想念泥土的气息,他厌恶钢筋水泥和嘈杂混乱,乡村的秩序,夏夜的蛙鸣,野花的开放,庄稼的生长,这些都是他脑子里日思夜想的。他的故乡很美,但他再也不想在那儿生活。那一年地球的震动使他内心恐惧,他无法再在那儿生活。他们那儿有很多人出来了,也有很多人还留在那儿,他希望老天眷顾那些留下来的,也保佑出来谋生的。

她听了眼泪都下来了。就算她再怎么不关心外面的事情,那次地震她是知道的。事实上她在家里也有震感,有些邻居的老房子都开裂了。她通过电视了解很多悲惨的家庭,王阳冥第一次捐了两千块,后来又捐了三千。现在她遇到了一个幸存者,也就真正和大地震发生了关联。她怜悯他,也发自内心地喜欢他。她同样喜欢他的养殖计划,这几乎也是王阳冥生前想过的生财之道,没有实施,因为他已经六十岁难以胜任。

初月和四川男人登记结婚后在村里摆了几桌酒。厨是四川男人办的,他的川菜大受欢迎,初月也做了红烧肉,好吃得他们呱呱直叫。那天村里好多男人喝醉了,好多女人也喝醉了,好像是他们结婚似的,快乐得要命。二婚在乡下热闹成这样十分罕见,通常是悄没声息地领了证家里人摆一桌吃一顿好的完事,可这两个加起来一百岁的新婚老男女偏偏大张旗鼓,这里头也有初月儿子们的功劳,他们就是要这样热热闹闹地嫁掉母亲,就是要做一个样给大家看。

孤单的老年人不是带带孙子生活就美好了的 他们一样需要温暖 需要爱情 他们一样也需要大家的祝福

儿子发表讲话时获得了热烈的掌声。他还摘了一朵玫瑰让四川男人送给他的新妻子。

酒席中掀起了一个小高潮。人们还闹起了洞房,要他们俩当众亲了个嘴。

四川男人幸福得两眼泪花 真的没想到我冯明德还会有今天这样的好日子 对我来说这是一次新的生命 我特别要感谢初月 她是世界上最好的女人 我一定会好好待她 感谢王木王土 成为你们的爹是我的福分 感谢各位亲朋好友的相信与厚爱 今后还请大家多多关照

四川男人笑着抹了几回眼睛。

有几个女人听哭了,笑着擦眼睛。关于退休干部的事,嘴上刻薄的人说,幸好初月没嫁给他,不然现在又成了寡妇,就算不成寡妇,也不知道要被他那头的亲戚怎么作践。初月有上天垂顾绝不会那么倒霉。四川男人比退休干部年轻能干,还能发展一番事业,带动乡邻共同发展,人良善纯朴,脑子还好用。退休干部就算活得长一些,整天什么也不做,一根钓竿垂在水里,哪个女人跟他都会闷个半死。他那种男人就该找个爱钓鱼的女人,两人都在湖边看着浮漂,像两尊雕塑那才是真正的一对。

最后也有人想到王阳冥,一个男人完完全全地替代了他,不知道这种结局是不是他真的想看到的?

四川好人知道怎么做人,酒席开始前,先去王阳冥的墓地摆了酒肉香烛,在墓前放了几桶烟花和万字头鞭炮惊天动地的不怕他听不见。观赏烟花的笑着说,王阳冥要是突然从墓地里爬出来,两人是会成为兄弟还是情敌,是喝着酒欢快聊天,还是抡起拳头开战。无论哪种情景都是大家喜闻乐见的,初月这样的女人值得有一场这样的打斗,打完架不论胜负两个战士最终会成为兄弟,这也是人们期待的。

不久两台挖掘机开进了村里。荒田变成池塘,投入王八和小龙虾。蛙是主打养殖。田里挖出沟壑便于灌溉,四面围网预防逃跑和外敌侵害。那些白色的纱网,远远看去就像田野上弥漫着淡淡氤氲。四川好人早在北京簋街吃过馋嘴蛙之后就有了养蛙的想法,理想与现实之间只有五年的距离,理想变成现实又用了三年。王村变成了全市著名的养殖村。人们开始讲究吃蛙要吃王村的,王八要吃王村的,小龙虾要吃王村的,不几年便畅销到了全国各地。因为四川好人不靠含有激素的饲料养殖催长,让它们按照自然规律生长,别人三个月可以长熟食用,他养的需要八个月到一年,他称它们不过是被圈起来的野生动物。

乡政府一连给了王村三个荣誉:著名的王八村、著名的蛙村、著名的小龙虾村，市政府给了乡政府三个表扬：著名的蛙之乡、王八之乡、小龙虾之乡。虽说大家对"王八村""王八之乡"的说法心里有点别扭，但面对红艳艳的荣誉证书，还是感觉到某种货真价实的骄傲。

四川好人另凭一套独特的烹饪技术掌厨，夫妻俩在荷花开放的家门口搭了一片敞篷大排档，从各自的名字中摘出一个字，合成"明月农家乐"。从塘里捞活的现宰现做，感兴趣的人可以自己动手抓捞体验生活，口味还分川味湘味粤味，来者可以随便要求，冬天制作烟熏干蛙、腊鱼，味道又不相同。很多人慕名开车下来吃，吃完还买活的干的回去送人，口口相传。食客中也有人认得风水先生王阳冥，知道这里原来是他的地盘后，更加确信他真的会看风水，他把自己的房子建在一片好地上，自己走了还会有这样放心的接班人。不排除有些来沾灵气的，边吃着美食，边考察建筑用地的讲究，暗自偷师。

四川好人的养殖和餐馆生意就这样做起来了。他们赚了钱撤了敞篷，新建了一栋两层楼房专做餐馆，装饰一新，每张桌子上都有一个白花瓶插着红玫瑰。餐馆仍然挂牌"明月农家乐"，开张那天放了一上午的鞭炮，外面花篮摆了一长溜，乡邻们又大吃大喝了一顿，醉得倒在树底下。四川男人这时已经学会了当地话，和村里人已经相互熟稔，还会用方言俚语一语双关的谐音开带颜色的当地玩笑。他们则学他的四川口音"啥子""锤子""郎个""巴适"，后来总会有几个男的在水塘边抽着烟同他讲半生不熟的四川话，他们的聊天和起伏不断的蛙鸣声混杂一起，随风飘进初月的耳朵，她从那一堆嘈杂中总能准确地找出丈夫的声音，这时她的脸上便会浮起某种情不自禁的东西。

他们的餐馆扩张后厨师和服务员都不需要外招,阎鹰当厨师兼加盟入股,初云也过来抹桌子洗碗兼掌瓢,一家人把个大餐馆玩得顺溜灵活。

这是二〇一八年的事。这时候阎真清早已经废了。

16

不管别人怎么描述阎真清一个人在村里的霉样,初云都没有辞工回家,她认为他是个手脚健全的男人,他有能力让自己不发霉,过去他阉鸡回来将钱如数交给他母亲,在那边聊得人困马乏时才记得回到她这边来的那种傲慢,他倒是可以重新发挥发挥的。她人越老,过去受过的委屈也越加清晰,她性子是慢,但也不至于慢到死了以后才意识到自己是被丈夫和婆婆轻视欺压的,不至于慢到她还要等十年二十年才能长舒这口气。她隐忍了好多年,因为她被孩子囚禁无处可去,并没有一条出路留给她们这些生育着的乡村妇女。有人就是吃准了女人舍不得扔下孩子的天性,将孩子视为婚姻的人质,女人你尽可离开,但必须留下孩子。从小脚奶奶的旧社会到改革开放后的青春年代,她们仍在面对同样的问题。

她是个慢性子是因为她只能慢,她只能忍耐并相信总有一天会获得解放,如果她急切激烈,她一定死过很多回了。她不是没感叹过自己生得不是时候,起码生在初雪初玉的二十世纪七十年代,境况就大不相同。不是她俩脑子真的比别人聪明，不是她俩天生运气好，而是时代给她们打开更多门窗，铺了更多道路。她那时候离婚是社会道德不允许的，她有了肚子过门这事也没少被人指背。那时外面的境况比村里好不了多少，没有工作机会，不时兴进城谋生。条件好的女人守着家里的缝纫机踩得哗啦啦响，穷妇女每天蓬头垢面田里园里灶房车轱辘转，所有人生活在一个罩子里，所有愉快的不愉快的搅拌成日出日落。

回忆过去她总有窒息感，解脱了和老去了双重感觉偶尔让她不知所措。如果有个什么许愿魔盒，她会希望有机会做一次活在现代的姑娘春风满面，谁也阻挡不了她的脚步除了她自己。首先是有一间自己的房间，不和臭烘烘的妹妹们挤在一起，还有独立的衣柜和门窗，以便她胡思乱想时不被打扰，对着镜子搔首弄姿时不被发现和嘲笑，不用躲到被子里换衣服免得来宝看见大喊她那里长了黑毛，胸罩也不会被他戴在头上当飞行员——她要那样一个私人空间，她甚至可以在那个房间里约会，关起门来谁也不知道他们在干什么。

她想到与阎真清最早的那次见面，完全没有一刻单独相处的机会，要么就是被弟弟妹妹们围着，一旦发现只剩他俩在一起，奶奶和母亲有意识的走动像巡逻似的，带着警觉的眼神与　我知道你们想干什么你们休想得逞　的严厉。奶奶还不时清一下嗓子敲敲警钟，只差没像打更的人叫喊　平安无事喽　母亲神出鬼没，一会儿从前窗闪过，一会儿在后门轰鸡。她和阎真清都没说几句话，所以婚前她和他并没有真正的机会谈情说爱，要是他们有充足的时间说话了解，她一定能知道他被宠溺后的无能懒惰。

现在她也到了母亲当年的年纪,可她也没有机会和母亲谈心。母亲痴呆一年比一年严重,对一切不点头不反对。王阳冥患病时初月照顾不来两个病人,商量一致后选择将母亲送回老屋雇人护理,谁有空就去看望和短暂陪伴。起初人们看到来得最多的是初云,每次来都给母亲抹澡梳头洗衣服,里里外外收拾妥当,推着轮椅在路上散步,或者在老槐树下乘凉。有一回她看到母亲好像认出她了,她对母亲说她准备离婚自己过,她的婚姻和感情早就死了,也许从来就没活过——如果不是简单地把两个人睡在一起生孩子过日子看作婚姻的话。

母亲碰巧点了点头。

她又说以前有过一次离婚的想法但是并不坚决,她还去了北京想做输卵管复通术,想跟另一个对自己好的男人结婚生子,幸好没做这件跳出火坑又进狼窝的蠢事。这次她想离婚不为任何人就是想单过,她打算等家里这些事情都平静后再和阎真清谈,这也不能怪王阳冥的绝症得的不是时候,她想就当是天意让她对这一重大决策再好好考虑。

母亲一直在点头。她在独自玩一种点头游戏。

王阳冥化疗时阎真清去医院看过他一次,客客气气没说两句话,差不多是将两千块钱塞进枕头下就走了。他第一次在钱上面这么大方,这笔钱与初云无关,是他自己冒着生命危险挣的。王阳冥身体一败,阎真清对他忽然芥蒂全消,过去无形的嫉妒和抱怨走向了截然不同的反面,病床上那个脆弱变样的人,激起了他某种强烈的同情心与责任感,他确定是自己伸手帮这位姻亲兄弟的时候了。

过去因为自卑嫉妒和其他复杂莫名的东西，他对整个初家亲戚都保持若即若离的态度，他们似乎也没把他当回事，背地里还叫过他阉鸡佬。他们不知道他除了阉鸡还会一门乐器，他会拉二胡　二泉映月　空山鸟语　听松　良宵　这些名曲他都能随手就拉。他十根手指那么长弄什么什么灵。婚后他给初云展示过他拉二胡的本事，初云不喜欢那种悲悲戚戚的调子哭丧似的扫兴。他跟她说这些曲子的意思，教她欣赏，说它们怎么动人。她说动不动人跟她没有关系，她一个人要种田要栽菜没有闲心顾不上欣赏。他就说你栽你的菜，我在旁边拉给你听。

　　他真这么做了，从门窗里能看见他坐在凳子上拉得摇头摆尾。初云在菜园里低头松土。挖着挖着节奏快了起来像是被二胡催的，紧接着只听见哐当一声锄头便飞到了窗户边。她就是不喜欢听二胡，尤其是在她劳动时，听到他拉出那悲悲戚戚的曲调就想哭。后来连他独自拉着解闷也不行，她听到二胡响就发疯，不说话光拿头往墙上磕。他不知道她为什么这么听不得二胡，如果说是他拉得太好了，她被音乐击中，那应该是一种享受，如果是享受就不该拿头磕墙，有时还会在地上打滚，外人看不到二胡对她的作用。再后来　老鼠　咬断了琴弦他再也没去修好，因为他知道修好了那只大　老鼠　还会再咬，某一天会连琴都会啃个稀巴烂。

　　于是他将琴身收好藏起来，没再动它。但这样也不行。他拉的那些旋律刻在她的脑海里了。当她干活看见他穿着鞋袜打把阳伞在田埂来回走动和他母亲聊天，《二泉映月》的旋律起作用了，她弯腰插秧的身体颤抖着，一直颤抖到田尽头都没有直腰。当她从田里将稻谷挑回地坪，看见他半躺在凉椅上摇着蒲扇喊她喝杯冷茶,二胡的曲调又缠住了她,她站在树下望着远方望了半响才挑起空筐返回田里。有时她也无端打儿子屁股,打完又紧紧地抱着他。二胡也深入她的梦境,黑夜里她在他的脚那头抽搐,有几回他踹醒了她。除了踹几脚,他们之间没什么可说的。他感觉很难从她竖起的铜壁上凿出孔来。人们只知道她是个慢性子,没有人见过她发脾气。平常里她干这干那为人处世人们对她印象很好,说她壮如牛马只知道埋头苦干。他也没听出这里面有什么坏的意思。他只有手指尖敏感,可他不能靠手指尖去了解人心,除了夜晚在她身上并不流畅地弹几下貌似掌握了她,但一到白天又烟消云散。这方面他没有从母亲那里得到任何教育。他母亲去世时初云眼圈都没红一下。有人说她的神情跟吴爱香当年婆婆死了一模一样,只是吴爱香不但红了眼圈,在入棺出殡时都哭过几声响的,剩下的那几分轻松悠闲都是相似的。

人们普遍认为,初云当家做主了,就会打算好好调教这个长腰子丈夫的懒惰,精神上断奶,会先给他一点苦头吃。人们看到初云赶他下田,他在田里像头新下地的耕牛弄得一塌糊涂满身烂泥,挑着半担东西摇摇晃晃摔进水沟里,拖拌谷机他这边不得力拖得拌谷机直转圈。他捆的草一拎就散。他最擅长坐在田埂上休息喊累,喝水憩凉,看着自己被劳作改变了颜色的手指。她自然记得当年十根手指头的粉红,现在已经毫无好感,这十根粉红的手指头没给她的生活创造任何价值。别人看他干活笑得要死,都叫他上田别干了,初云返起工来更累。他始终一样也没学好,初云便袭他上田,再也没指望过他。阎真清也就安安心心地掠开胡子喝稀饭,过了一阵头发梳得像嫖客一样的日子。但家境一天不如一天,形象也渐渐邋遢起来，最终成为一个死无寸用的老家伙。

前面说的这些都不是初云真正记恨的。生完第二胎结扎时他没有陪着去医院。她躺在病床上喝口水都难，又不敢指使婆婆，婆婆也没想到给她水喝，她只管盯着医院的账单算账，口算心算笔算，算了一遍又一遍，总觉得医院多收了几块钱。直到护士进来见她嘴唇干裂，提醒家属让病人喝点水，她才叮叮当当地照办。医生说结扎是小手术没什么问题，回去休息几天就正常了。医生的话婆婆就听进了这一句，回家告诉阎真清就这么回事。过了几天地里有活要干了，初云起不来，阎真清就拿阉猪打比方，认为人就是太娇气，掀开盖在她身上的床单，如果不是娃娃哭几乎要拉她下床。他同时闻到伤口化脓的异味。初云知道婆婆不会喜欢任何一个睡在他儿子身边的女人，听话的儿子想必受了她不少唆使。

看到女人肚子上那道长长的伤口，他吃了一惊，因为这超出了他的想象，不像他母亲说的那么轻巧，但也不像妻子表现的那么严重　你再这么躺下去稻谷都要在田里发芽了　起来活动活动　伤口捂着好得慢　你娘家人也不来看你　真的是嫁出门的女泼出去的水

他这么说完第二天初玉就来了，好像隔着几个村听到了似的，当时初云正敞着肚皮娃娃躺在腋下吃奶。初玉小小年纪便露出愤怒的神色。打那以后她很少去初云家，她以为他们家就是那种伤口发脓的气味。她向奶奶描述她所看到的，说初云病得很厉害肚子都烂了，他们却不送她去医院，她会死在他们家。戚念慈安慰初玉　她生是阎家的人　死是阎家的鬼　不是谁逼她嫁过去的　他们不会让她死的　他们还指靠她播种收谷呢　事情果然也是那样，初云活得好好的，一年年将地里的谷子挑回家里。她也很少回

娘家，其实回不回去都不是那么回事了，就像胎儿脐带一断再也回不去子宫。

慢吞吞走在人行道上，阎真清脑子里想着王阳冥那副死样，脸上的肉像是忽然间被剔掉了，颧骨眉骨突出来，像一块布搭着桌面现出杯盏的形状。他想他们做了这多么年的姻亲兄弟，却没有好好儿喝过一顿酒，说上几句敞亮话。他最初是看不起这个抹尸的黑脸家伙那没错，黑脸家伙也没有多主动，他摘了鲜花后也只向戚念慈献殷勤，三妹夫戴新月和乡里亲戚保持不咸不淡的交往，甚至多半由初冰全权代表他都懒得露面。

阎真清想到王阳冥马上就要死了，他灰暗的人生观又黑了一层。

像车刮到路边的树枝，他的肩膀被人绊了一下又弹回去，他仍然机械地走着，脑子里想自己的问题。他想再去哪里弄点钱来。人们看到一个高个子乡下老汉埋头走在盲人道上，像个瞎子过马路连红绿灯也不看，像受了什么打击，或者饿得抬不起脚。他不觉走到了他之前活动的一带，他在这一带捞了几笔钱，数目不大但足够他花几年的，他只遇到过一个车主下车来打了他一顿。他后来才知道人们把他这种行为称作　碰瓷　并且有团伙专门干这件事，三五个人一伙，一个人去碰车，其他几个人假装路人过来帮忙或者假装亲戚开口要价，为此还专门把小脚趾弄骨折。他也想过拿钉锤砸伤哪根骨头好找那倒霉的车主敲一笔大的，又天生怕疼，连刺扎一下都疼得骂娘，也担心真把自己砸瘫了。

他视力也越来越差。街上所有的招牌都是一片模糊，要凑近去才能看得清楚。有一阵他什么也没想,脑子里只有风呼呼地刮,尘灰和树叶打着旋涡。他听到两个路人谈论天气,一个说天气预报报道明天气温会下降到零下七度,先是冻雨,然后会有大雪,另一个说是的这会儿已经在变天了。

经过一根电线杆时,他突然感到一阵寒冷,他的身体捕捉到了降温的划痕,从头上罩下来一直刮到脚底下。

自从改革的春风温暖大地,大地就没冷过,好多年都没有零下的气温,那些多如春笋一年到头冒烟的工厂把天空烧烫了,把大地烧暖了,把环境烧热了。从兰溪镇往市里那条几公里长的米厂天天在造米。那一带的天空天天降灰雪,路面从没干净过。他在想天象异常,为什么忽然有这么低的温度,会有什么大事发生?一年四季他最怕过冬。虽说家里有了电暖器,浴室里安装了浴霸,但总觉得冬天那种空空荡荡的阴冷是没法消除的,要是有一丝刺骨的北风从哪里钻进来,感觉更加凄凉。

过年那几天家里人都回来了,大人小孩满满一圆桌,吃吃喝喝,吃完了大人上牌桌,小孩玩手机打游戏,没一个坐下来跟他玩会儿说会儿话的。有一回刚过完年,不知怎么开始的,初云还合着儿女们算起他的旧账来,他们结婚后发生的那些大小事情初云都跟阎燕讲了。有些他都不记得或者他认为不算个事,阎燕居然威胁他,如果他再不对她妈好一点,她也会对他不客气——这哪像一个女儿该对父亲说的呢。他们那一代人的生活都是那样子过来,他不觉得他怎么就亏待她母亲了,那时候都穷都苦没钱看病抓药,得个病就自己熬着,她母亲伤口发炎不就是在家里用井水洗好的嘛。儿子阎鹰虽没说阎燕那样的狠话,态度也是明显偏向他母亲

我妈过去劳累透支损伤筋骨　现在年纪大了这里疼那里酸　她应该是我们家里的重点保护对象　我的态度是不管我妈做什么　我都支持

　　他们就这样给他划了一条界线,划出了阵营,让他一个人孤兵寡将,平时很少跟他联系,也不问他过得怎么样,有没有钱用。他们认为在乡下没什么开销,抽烟喝酒都是慢性自杀,他们建议他都戒了,要剥夺他活着的最后一点享受。他可不会什么都听,顶多不指望他们烟酒孝顺,这点生活能力他还是有的,他只要上一趟街,碰上那么个不好好开车的倒霉蛋,就够他享用一阵的了。谁也不知道他在干这种新兴职业,以为他的好烟好酒都是托儿女的福。他私下认为他是这新职业的创始人。他这辈子内心的秘密很多,泄露的少,村里人不了解他,妻子儿女也有隔阂,也许他死去的母亲才是他的知己。他想念母亲,在阴冷的冬天尤其想念。想起母亲对他的宠爱,每天睡觉前给他烤热潮冷的被子,他起床时给他准备烤暖了的衣服,棉鞋里也热乎乎的,她总是在给他烤东西,将他裹在温暖的春天里,他的手脚从不会像别的孩子那样长冻疮。他想母亲要是还在,屋子里一定热热乎乎饭菜都眉开眼笑。

　　他知道阎燕家离这儿不远,他没想过要上门,她说过的狠话还在他脑海里回旋。他也不想去儿子家,他知道那不是他们期待的惊喜。他倒想去看看妻子,却又不知道她在哪里。这样一来他在街上行走彻底没有目的。天气好像又冷了点,他感觉衣服薄了一层。这时候他倒是希望躺在病床上的是自己,被所有平时见不着的人围着,他们百依百顺,俯下身问你想吃什么,摸摸你额头有没有发烧,替你披被子、泡牛奶,像照看婴儿般照顾着你。在医院看到王阳冥享受这样的待遇时,他的心又被嫉妒咬了一口,连儿媳妇都坐在一边替他搓手活血,给他被吊针戳得发青的手背按摩消肿。初月跑上跑下进进出出,儿子坐在一边跟他说话。他从来没想到父子之间可以像兄弟那样说说笑笑,用那样的语气和腔调。他从这儿看到了他和儿子之间的距离,而且他知道这距离已经凝固,他有生之年都不可能化开。温馨的场景刺痛了他,这也是他匆匆塞下两千块钱掉头就走的原因。

王阳冥的妻子送他出来,安慰他要他随缘,一起过了这几十年,两个人离不离婚都是一样的,也都尽到了婚姻的责任,初云想怎么做就随她去,老夫老妻儿孙满堂也不必在乎那一张纸。他这才知道初云打算和他离婚,初月知道了,也许还有些人知道了,他却刚刚听说。他没有吃惊,或者说没有在初月面前表露情绪 没有什么比生离死别更让人伤心的了 活人的吵吵闹闹都不值一提

他按下这个突如其来的消息不表,想着怎么安慰初月。他脑子里晃过一些说辞,比如说做寡妇没什么大不了,你奶奶你母亲不都做了几十年寡妇吗。这样举例显然不太合适,比如说节哀顺变,可王阳冥现在还没有死;比如说要相信现代医学技术发达,保持乐观心态,那也是站着说话不腰疼,这种时候谁乐观得起来;比如说既然得了这样的病,你自己要看开点,照顾好自己,这样似乎也很不近人情,所以最终他什么话也说不出来。

后来满脑子就是初云为什么要和自己离婚的猜疑,还差点踩空一级楼梯滚下去 我既没干涉她的工作 也没找她要钱 她十天半月回一趟或一年回一趟 我都随她的便 要不是她在外面找了小老头 她为什么想离婚 脑仁都想疼了,但在王阳冥得了死

病这件事情上找慰藉　比起躺在床上等死　离个婚算幸运的　要是问王阳冥在离婚和得死病之间他宁愿选哪个　答案是离婚错不了　他心情稍微好了一点,胡乱走过几条街道,冷空气让他感觉贴着卵蛋的底裤都冰凉的,脑子忽然清醒起来,对自己提出了反驳意见　我干吗把这两件坏事都揽在自己身上呢　病是王阳冥的　离婚是我的　我得集中精力好好想想这件事

　　冷使他无法思考,一会儿将领子竖起来,一会儿将内衣塞裤腰里去,一会儿双手抱紧自己像个地道的流浪汉,以一觉醒来发现社会发展成这样的脸色看着寒风刮来刮去。一想到同样的寒风也在他家周围来回舔刮,钻进那个没有人气、没有女人收拾打理的清冷房间,回家的想法就被冷缩了。

　　他漫无目的地走着,眼睛看着脑子里的图景,过去几十年的生活如放电影一样。走着走着他就下了人行道,走着走着他就走到马路中间,走着走着就听到怪叫的刹车声,人们的尖叫声,除了天空他什么也没看到,直到一些面孔浮在空中。

　　他有一阵短暂的失忆,被刺痛扎醒时,发现自己又回到了医院,几小时前他幻想羡慕的那一幕变成了现实。

　　他躺在病床上,他的妻子和儿女们围着他,眼睛都像哭过。他觉得浑身疼。他看到自己的一条腿被纱布裹得像一截树桩搁在那里。他们倒水、削水果、喊医生。他想坐起来身体像粘在床板上,想说话嘴巴好像被封上了,整个人只有眼珠子能动。但这已经足够他表达感情了。他先是看着初云,她抹了抹眼泪,他没找到她想离婚的蛛丝马迹,但这样一来她更有理由和一个残废离婚了。他在街上乱转时设想过种种离婚的限制,比如要她补偿几十万,比如

她净身出户一片瓦都不能带走,比如死了都不能埋回来占家里的地,只能去火葬场烧了装在盒子里,放哪里他不管反正他家容不下。但现在他改变了主意。

我会立刻同意的　一点也不会为难她　他眼睛湿漉漉的,眼珠子转到另一边时眼泪滚出眼角。

阎真清没能参加王阳冥的葬礼,后者在他入院一个月后死了,他在医院里手脚还不能动。他听说丧事办得相当隆重,王阳冥的一些老客户听到消息都赶了过来。戏班子唱了几天几夜的戏,一次让他听了个饱,乡亲们也十分尽兴。热闹几天之后埋在他生前看好的地方,入土时初月悲伤昏厥,连假发都掉落在地。但人们没有觉得好笑,有人捡起来帮她重新戴上。消失了很久的初来宝也出现在葬礼上,尽香烛先生的职责。

人们看见来宝老了,才四十岁的人像个半老头,脸上有几道很深的积着泥尘的沟壑。没有人知道他住在哪里,怎么过的。完后他也没回家,因为他听到别的地方又响起了铳炮声。人一埋掉,人们才觉得王阳冥真的走了,整个村里都冷冷清清的。抬丧的金刚师说,王阳冥病得剩下一把骨头,恐怕只有四五十斤。

来年春天,初月花园里的红色马蒂莲开出了两朵白花

他回来了　她对乡邻们说

这花开得奇怪,人们没找到比初月更合理的解释。

阎真清是春天出院的。可惜撞他的只是一辆桑塔纳,肇事者卖了车凑了二十万赔偿。初云不忍相逼迫,毕竟这事说起来还是阎真清的责任,车主属于倒霉不幸。她听到有人说她丈夫属于故

意 碰瓷 而且不是第一次这么做。她认为那是车主想减少赔偿制造的谣言。从监控视频里她看到丈夫并没有避让车辆,司机那一秒的视线正好落在旁边的姑娘身上。她不相信 碰瓷 的说法,也没法解释丈夫那种不正常的表现,他像梦游似的仿佛什么也看不见,什么也听不到,说得真实一点,就像是要寻死的人。

交警调查时问她丈夫这些天经历了什么事情,平时脑子好不好使,出车祸前他做了些什么。他们的语气表明存在疑问。他们还调出几个案例,她的丈夫出现在几起不太严重的交通事故中,车主怀疑他故意肇事,也就是后来社会上统称的 碰瓷 她告诉他们,她丈夫没什么问题,一个乡下老头进城,车来车往难免会磕到碰到,要是在乡下他们闭着眼睛走路都不会出事,问题在于城里的车太多了,开车的又忙又急精力还不集中

要是那司机不和车里的姑娘调笑,不刹野眼*34,我男人现在也不会躺在医院里 是瘫痪还是半身不遂现在还搞不清 你们哪一个会拿命来碰瓷

初云嘴上这么对付交警,心里却别有琢磨,王阳冥住院他闷声不响给了两千,钱是哪里来的,这些年她给他的生活费有限,不可能有什么结余。她也没问过他的好烟好酒是哪里来的。她奇怪他后来也不问她要钱,村里总有些红白喜事要拿钱上人情簿的,这家几百那家几百,一年下来要做掉好几千,他说都是借的,后来她把钱给他让他还债。她私下问了一些乡邻,她丈夫是不是找他们借过钱,他们都说没有。

后来碰瓷的事也传到了村里,人们对有些事情恍然大悟,终于搞清楚了他那些好烟好酒的来历,原来是做了那样的职业。也有

人反驳说哪有拿命碰瓷的,那的的确确是一件交通事故。阎真清与邻里间不太和睦,对一个不喜欢的人都会选择性地相信他不好的一面。这事情告一段落,他再也不会给警察惹麻烦,之前管他什么情况,都无关紧要了。

治疗用完了赔偿费,如果不是初家人恪守团结互爱的家法,恐怕他下半生只能瘫痪在床。住院后期他花了王阳冥不少钱,出院后他第一时间到王阳冥的坟地去看他。他的腿已经不听使唤,整个下半身像截死树,是坐在轮椅上由初云推着去的。

她头一回见他哭。他的悲伤远远超出了他对王阳冥的感情。或许是为自己的处境,或许是对生命某种总结性的哭。她没有打断他。短时间内家里发生这么多重大变故,她自己也觉得不胜唏嘘,只是练习过多次悲伤之后,她的心磨出了茧,不再敏感易碎,不再悲形于色。

离婚协议都写好了吧　我同意签字　他平静后说出这句话
这种时候不要谈这些吧　她微微一愣
我可以照顾自己　他说
她没说话,推着他离开墓地,椅轮碾过鞭炮纸屑,带出一道印痕。

过去,无边的田野这时候铺满金黄的油菜花,还有一丘丘紫色的燕子花田地,蝴蝶和蜜蜂飞舞。现在的田地像癞子头,这里秃一块那里秃一块,要么满目荒草。四处见不到人影,连牲口也没有一头。落寞的房子趴在田野尽头,空洞的门窗黑漆漆的,也看不见有人进出。很多人抛下田地去了城市,剩下空房子守望田野,阎村、王村、张村、李村,村村都一样。

你出去这些年　乡村也不是原来的乡村了

日子总是要过下去的

很对不起你　这辈子苦你累你了　欠你太多还不清

她停下脚步耸起两边肩胛脑袋埋下去半天没有抬头。

我再也不会拖累你了　他说

什么意思　她问

签字离婚　这也是我现在唯一能为你做的了　他说

她又沉默了。继续推着他前进。

要是能这样什么也不用想　一路推着他走下去　一辈子就到了尽头倒好　她感到一种难言的复杂与苦涩。

田野荒芜的风带着清甜的气息。村里静得连狗叫声也没有。她一点也没有回想过去，没有因为过去的经历再次感到疼痛和厌倦。她想的是明天、后天，以及未知的或长或短的所有日子，怎么把荒掉的田地利用起来

现在正是秧*35茄子豆角辣椒丝瓜的时季　错过了时间　夏天碗里就冇得下饭的菜了　她用平板的声音说道

17

至少过了大半年，初玉才从那场无声终结的爱情中平静下来。她已经不再关心为什么朱皓与戴草帽的男人聊天之后就变了样。过去有不少白天夜晚她的心是被煎烤的，因为她深爱着他。

当她发现这件事只剩下她单方面继续,她不知道如何召回那匹奔跑的野马,在爱他的日子里,她将这匹野马喂养得膘肥体壮,奉献了自己三十多年的感情草料,一根不剩。她和他在一个医院,她知道他办公室,也知道他的住处,她从来不去找他,她等着有一天他告诉她发生了什么。她知道他对她的感觉。他们的爱是同等的强烈。彼此引以为荣。这一天总会到来。只要他没说分手,他们的关系便没有切断,只是在以一种特殊的方式前进。

她从院报里看到他的消息,参加医学会议,出国做学术讨论,每次她都以为他回来就会找她,跟她谈论这一次会议的收获与发现。他更多的时间是在北京,在对面那栋医学大楼,五分钟的步行距离。她的科室和他的科室没有交叉的地方,就像妇科病和脑出血两种不相干的病,不会在身体里相互产生影响,如果不刻意相约偶遇的概率很低。只有一次,她从别的科室出来,正好看见他刚转身的背影,她不确定他是否看见了她,心跳撞得她胸口疼。她也无数次翻看手机上保存的他的信息,从第一条到最后一条,连表情包都在;翻阅他过去留下的书,看他写在书上的笔记;抚弄他夹在书里的钢笔……她就靠这些干粮度过了黑暗山洞里的艰苦雨季。

听到院里表彰他,她又甜蜜又忧伤,因为他最终也没有和她分享他的喜悦。她猜想他的庆祝方式,本能地相信不会是单独和某个女人,在没有亲口告诉她他们完结了,他不会去做这样的事。他或许等待藏在时间中的答案,等待红细胞上升白细胞下降,或者相反,观察她和他之间的病因,找到医治的方法。无疑他会喝几口杰克·凡尼尔,他喜欢烟熏味的。他从不过量。睡觉前刷完牙会用一下漱口水。早晨他刮胡子时涂抹的泡沫散发水果味。他身上清清爽爽。衣柜里有一排衬衣和领带,他几秒钟就能完成选择搭配。有女医生向他表白,个别女护士为他暗自疯狂。他说他只喜欢她,只喜欢一个白皮肤的名叫初玉来自南方的单眼皮姑娘。

她记得所有的细节,一切深深地刻在脑海里结了疤,被回忆撕出血痕。她装作无事给病人看病,心想自己也是病人,她需要药物治疗相思,她需要一次缜密的诊断告诉恢复日期,复不复发。它像牙痛一样折磨着她。她并不向所谓的闺密倾诉。她们会去某个路口截住他,转告她的情况,试图激起他的柔情怜惜,帮倒忙会严重破坏她的尊严与形象,她绝不是那种需要别人来插手解决问题的女人。

有一回半夜起来,从东直门走到西直门,踩着沉睡的街道,像踏着时间的尸体,偶尔一辆汽车呼啸而过,像柄刀将尸体开膛破肚,腹部溢出的寂静将被清早的车轮碾进地底。她也独自去看歌剧,美妙的歌喉赐予她短暂的忘形。所有与他一起做过的事情都独自重复一遍以后,她对他的想念更加强烈。

某一天洗澡时她忘记解下玉环,不慎落地碎成两半。她奶奶说过,如果有一天玉环碎了,不要难过,因为有灵的玉替主人挡了一次灾难。她后来才知道玉挡了他的灾难——如果玉真有灵的话——他在高速公路上出了车祸,一车五人只有他一个人活着,轻伤。也就是车祸一周后他出现在她眼前,这时他们已经彼此沉默了一年。

她到达约定的咖啡馆,这是他们第一次约会和接吻的地方。露天后院有草地和非常高大的梧桐树。夏夜月光流泻,月光下的事物蒙着诗意与美。一只萤火虫随她舞到桌边,落在他身上。去年夏天在农场寻找萤火虫的一幕与此刻对接起来,他们之间似乎没有经历时空的隔阂,她也没有那么多难过的日子,彼此紧紧相拥。

满院蟋蟀和昆虫鼓噪。

她说起碎裂的玉环,令人惊讶的是,玉碎和车祸在不同的空间同时发生。这件事几乎可以被传奇化:戚念慈多年前把玉环给了初玉,就是为了保护她未来的丈夫幸免于难。而他愿意再变换一下美好结局:她奶奶在天之灵救了他的命。

当天晚上他们回了他的家。除去做爱以外他们一直说个不停她几乎把去年农场分别后的每一天都用语言涉及了。他拿出一本日记告诉她过去的一年他活在日记里,他从来没有离开过她,他知道她也一样。她带回去看了整整一个星期。过去的一切都获得了答案。他在无法抉择的时候选择了沉默:如果她在沉默中离开了他,他被动接受结果,解决他此生遇到的第一个难题,从一种痛苦遁入另一种痛苦。

她从日记里看到了戴草帽的司机,他记录了他们之间的谈话,内容让她无比震愕。司机重点说到了奶奶逼兔子吃蘑菇兔子全部死光,还说他父母出事之前,他在农场远远地看见过一个拄着拐杖走路缓慢的老太婆,她单枪匹马走那么远到农场来一定有要事要办。戴草帽的司机也只是做了很多推理和估计,他始终认为奶奶可能是毒死他恩主的凶手。

朱皓走访了不少人,听到了种种传言,收集了很多信息,没有得到确切的证据,但心里已经偏向于司机的结论。他被前辈制造的麻烦绳索捆绑无法动弹,像一只茧蛹,直到车祸撞破蛹壳。他认为事物内部的确有些隐秘关联与影响。玉碎、车翻、茧破,几乎是在同一时间发生。束缚他的绳索自动断开。他第一时间给初玉打电话,但手机已被轧碎。

　　她是无辜的　前辈的冤仇　我要用爱来化解　他在日记里写道,并在这行字底下加了一杠,日期是他们相见的前一天。

　　她读他的日记比大学时读琼瑶的小说哭得更厉害,她知道他有隐情,但没想过那种言情小说的套路居然真实地发生在他们身上。假设前辈真有冤仇,她相信是灵玉挡了灾难,是奶奶救了冤家的儿子,地底下的人也已经握手言和。

　　一篇篇日记可以看作是写给她的情书,相恋的证据。他们的婚讯很快在亲朋好友间传开。部分婚纱照在国外拍摄,其中一站是他的母校,尖屋顶青草坪。长长的婚纱拖曳在地,有鸽子在啄镶在婚纱上的珍珠。

　　某一天,护士们看见一贯从容淡定连抢救病人也只是疾步前行的初主任,忽然在过道里奔跑起来,好像屁股着了火,二十分钟后又见她原路返回,脚步和表情一样严肃。很快大家都知道发生了要紧的事:厌恶生育的初医生怀孕了。她在给病人写处方时忽然感觉到一阵强烈的饥饿,身体的异样引起她的警觉,一看日历发现钟表般准确的例假已经推迟了十天就知道出事了。看完最后一个病号她心事重重没有离开办公桌,感觉自己像只飞蛾被蛛网粘住动不了。心怀侥幸的一夜到底酿成了意外。她脑子里满是育龄妇女、产妇、哺乳、坐月子,她看见正在形成自己鄙视的雌性动物。

　　几个护士一起进来送恭喜,几个医生也相继来说同样的话,叫她现在开始少用电脑不要去有辐射的科室,头三个月很关键,她这种高龄孕妇要更加小心,好像她突然变成了瓷器,所有人都怕碰碎她。她敷衍完他们开车回家。车上三环便堵死了,交通电台播报前方事故拥堵请车辆改道。但她夹在车流中进退两难,像她现实的处境。事情不像她未婚时想得那么简单,在同事们的一片恭喜声中,她不由得思考　喜　从何来。她逃也似的离开了医院,因为她发现他们的恭喜摇晃她,就像摇晃嵌在泥土里的电线杆,周边渐渐出现裂缝。她的观念并不是一棵扎根大地的古树,而是一根没有长出根须的电线杆。

她想到他,这是她和他共同的孩子。过去她考虑这个问题时,并没有涉及具体的爱与人,爱情像墨汁慢慢洇湿宣纸,改变了纸的质地,并将白纸变成了画,生育厌恶感在褪色,就像宣纸慢慢干透呈现新的色泽。她此时还懵里懵懂,谈不上喜悦,说惊魂未定也不准确,总之有块大石头扔进了湖心,一切都在晃动。

他在机场准备起飞,晚上九点钟才能到家。等待他的过程中,她时而惶恐时而甜蜜,她不明白为什么这时候还会有爱的甜蜜掺和进来,不时叮啄一下她的惶惑,她过去的观念正在被蚕食,似乎马上就无立锥之地。

她有全盘推翻自己的危险。

她清楚地记得她说过的关于生育的尖酸刻薄的话语,现在一只脚却踏进了她自己嘲笑的区域。她还想起那回对初秀怀孕事件的态度,她的话像一把剪刀一样冰冷无情,刺激了初雪。她试图说服她们,像一头失控的牛撞进瓷器店,弄得一片狼藉,她夸下海口,她永远不会沦为生育的动物。

她心思杂乱,在家附近的饭馆里吃了一碗炸酱面,回到家立刻又煮了两个鸡蛋,冲了一杯牛奶,下意识里已经把自己当作孕妇,甚至脚步都慢了下来。

她感觉有什么不一样了,连夜黑下来的姿势都发生了变化,阳台上的花草也不是昨天的面貌。壁钟走得蹑手蹑脚,仿佛怕惊扰别人。家具像困顿的巨兽静卧。她就这样看着她和他一起生活的空间,一直看到外面全部黑下来,室内幽暗,他挂在那里的衣帽像个站立的黑影,于是她对着他的衣帽说起话来。她说的话软弱无比,连自己也感到陌生,好像有人钻到她身体里主宰了她。她在极力摆脱这个陌生人,这个人不断对她强调母性与生命,扼住她的咽喉让她服从,像劝一个异教徒放弃她的宗教。

怀孕三个月时,她仍没考虑清楚。他已经把所有权力都交到她手上,做不做母亲他都尊重她的选择。然而大部分时间她什么也没想,她失去思考的能力与精气,妊娠反应控制了她,来势凶猛的呕吐和恶心,仿佛惩罚将她弄得披头散发。饥饿和恶心在胃里打斗。她被一道魔咒罩住像溺水的人双手乱抓。

这事原来这么辛苦　他这样说过一回

但有一天忽然风平浪息,小船停止了颠簸,插在宁静中。她胃口大开饭量惊人,走出阴霾后脸上一片阳光。这时她已经开始把手放在小腹,脸上长肉,身上开始臃肿,与此同时,她发现过去与她争执的那个陌生人早已消失,她成了一个安宁的孕妇,像所有怀孕的女人那样,微撇着八字步,在阳光下看树嗅花。

一天晚上,她靠在床头重读他的那本日记,比以往任何时候都感到甜蜜幸福,她想他们婚姻的邮轮正稳稳地行驶在大海上,狂风巨浪也撼不动它。这时发生了第一次胎动,她叫得声音很大,惊喜之余还有恐惧，但很快又获得安然。此后每天摸着肚子自说自话，忘了她变成了自己厌烦的絮叨女人。她注意周围的孩子，看到婴儿她就要凑过去听婴儿如柳芽细嫩鹅黄的呢喃声，她已经全身心投入做母亲那回事里。

对于这件事村里人并不意外，他们老早就说过 没有哪个女人躲得了这关 不然为什么要给女人造一个子宫 而不是给男人造呢 人身上的器官个个都有自己的职责 就跟人活在世上有各种各样的责任一样 不尽责是不符合人性道德的 也有人善意嘲笑 她是犯了一个错误 不晓得只有结了婚的人说婚姻坏 有孩子的人说生孩子受罪 不生孩子好 这样说话才是有得风险的

18

事实上这个村子有一个好听的名字：槐花堤。沿着河堤走，过了刻着村名的石碑，就正式进入槐花堤的范围。河堤左侧一排垂柳，右侧一排老槐遮天蔽日，槐花开时细花柔美花香飘散，叶落时地面上便落着树籽和鸟屎，鸟群喜欢聚在村口的老槐树上，对进出村子的议论纷纷。它们比谁都了解村里的事情，没有哪只鸟愿意跳出来说破。鸟屎落在谁的肩头，算是通知这个人，他要倒霉了。不信这个邪的人，捡颗石子朝树上扔，树上会落下更多的鸟屎。

落叶、花瓣、鸟屎以及树籽混合，铺成鸟屎比萨。各种车轮和人畜的脚踏，又像酿做葡萄酒一样，踩得汁液飙溅。最后晒干了变

成粉尘,被风带到世界各地。村里人对槐树底下那一地的鸟屎比萨忍无可忍,终于在二〇一六年砍掉了它们,腾出来的空地很快被新坟占据,走夜路的人都怕鬼收买路钱。

以前,人们看到槐树就知道村名的来历,树砍掉以后村里就要多费一番口舌,语气里有对那一排古槐的怀念和赞美。村领导砍伐古树的理由很简单,建设全新的农村面貌。那排没用的老树堵在村口招鸟,鸟吃蔬菜破坏谷种,鸟屎影响美观。同一时期也砍了很多上了年头的老树,并用水泥敷住树根,禁止发出新苗。

老槐树被砍的第一个元宵节清晨,吴爱香喉咙里咕噜咕噜响了一阵就永远安静了。槐花堤的春节还没过完,纵情之后的人们还在酣睡,被訇然响起的女人的哭声惊醒,立刻知道是初安运的妻子死了。这几天人们频繁地去看吴爱香,看她已有几成死亡,以便腾出时间来帮丧。有人摸到她的脚都凉了,猜她就是这两天的事。生活经验总是比教科书真实 我就晓得她过不了十五 那个摸脚的人听到哭声,得意地说完撇下一堆家务活赶到现场。

人们听到女人的哭声,起先排山倒海大合唱,继而分流各显特色。能分辨的哭腔有民族、美声、说唱、摇滚,还有爱尔兰风笛似的呜呜咽咽混合一起,足足持续了十多分钟。吴爱香的亲人朋友塞满一屋,看热闹的插不进去,只能在外面从声音和说辞中判断哪声是哪个哭的,哪声是哪个喊的。吴爱香平常并不和哪一个女儿特别亲近,但哭的人情感自有深浅,这取决于个人经历和对生离死别感触的多寡。有的人爱哭,有的人不爱哭,所以也不是哭声越大爱越深。

初冰天生是会哭丧的人,人们在戚念慈的葬礼上已经见识过。这次有点不同,因为在广州那样的大城市做过几年,又遇到那样一桩事,她想到了她母亲体内的环,哭起来没那么妖娆奔放,多了内敛和黯然的情愫。子宫没有了,身体内好像少了一个产生共鸣的容器,声音竟有些单薄无助。

那清脆的爱尔兰风笛是初秀,呜呜咽咽的声音是从初雪的鼻孔里发出来的,她是个克制的人,这种哭多半是被别人的哭声感染,不然她是连声音都不会发出来的。人们还分辨出美声哭法是初云,平素声音不大哭起来像换了一副嗓子。民族哭法是初月,属于领哭者。其他说唱和摇滚,是吴爱香娘家的亲戚,几个健康饱满的村妇。大家没有捕捉到初玉的哭声,因为她正好怀着第二胎,不宜悲恸,前不久刚刚赶上了二胎新政的列车,不怕已过四十的高危年龄,从害怕生育转为生育勇士。人们见到了她已经上幼儿园的儿子,也听说她在生产过程中,因为骨盆太窄差点丢了性命。

这一阵痛哭之后,好像话剧的一幕终结,大家都出去茶歇。屋里留着人抹尸穿寿衣。

人们从屋里溢到屋外,春天的阳光让刚刚过去的痛哭与悲伤失真。人们交头接耳,称赞这适宜办丧事的好天气。春天的太阳也是一粒新芽,还没经受风霜清新扑鼻。人们像狗那样嗅着空气,张大嘴巴呼吸,懒洋洋地加入治丧委员会,商讨安排分工。督管斜挎着只有管理丧事才用的黑包,叫来了孝家的当家人,询问丧事办什么等级的,也就是问他们打算最后为死人花多少钱。

初家在花钱问题上意见不统一,争论良久。一种想法是,母亲一辈子清冷,不给她一个高级的葬礼对不起她;另一种认为,无意义的铺张浪费对生者和死者都毫无意义,做到入土为安就好。最后都同意不少于戚念慈当年的规格。督管喜滋滋地制作预算配备人马,传说中一呼百应说的就是丧事督管。

人们津津有味地观察初家的女儿以及她们的家庭成员。很多人是第一次看见初月的新丈夫,一双眼睛盯着他不放,尤其是当他和初月在一起说话的时候,他们会重点注意他的眼神里有没有爱意,私底下就去议论,那个四川男人对初月好得不得了,五十多岁的老夫妻像小年轻似的黏糊。初冰和戴新月没什么特殊,他们的光头儿子带着妻子和两个儿子,面容都很孤傲。第二天从镇里来了很多吊唁的年轻光头,规规矩矩,对死者十分恭敬。初雪和财经主笔两人到底是知识分子,说话客客气气。吴爱香的遗像是初雪画的,头上裹着橘色头巾,单眼皮眼睛淡淡地看着前方,像一幅名画。不少原本就认识朱皓的都过去跟他招呼,自然也说起了他父母亲的当年,那时候他还没长个,有些欲言又止的意味。在轮椅里的阎真清仍像过去一样,对初家的事袖手旁观,有心无力,被这个推一下,那个拉一把,最后就停在树荫下,喝着姜丝芝麻茶。

在人们眼里,初雪和财经主笔是仅次于初玉夫妻的一对,他们认为没有孩子的家庭不完整,甚至还有几分不幸,就算有钱,能上电视,也不能填补缺少孩子的坑。事实上,他们已经离了婚,谁也不知道他们的关系产生了变化。那次欧式西餐厅并不浪漫的晚餐后回到家中,初雪向他讲述了她在日本期间安排的事,承认她曾策划过母花的流产,虽然母花率先发生意外。他从椅子上站起来走进书房,当晚在书房过夜。第二晚还抱了床被子,仍在书房睡。这样过了一周,她向他提出分开过,他同意了。他们平静地领到了离婚证书。谁也没有主动从家里搬出去,也没有谁要求对方搬出去。他们就这样仍然住在一起,睡在一张床上,像原来一样生活,就像卡在了时间的齿轮里。

初来宝是第二天回来的。吴爱香已经躺在棺材里身上盖锦缎,他揭她脸上覆着的纸钱看了看她,重新盖上,提着篮子开始香烛先生的工作。先是去已经挖好的金井点上香烛,将纸钱烧在坑里。田野里清风一阵一阵,黑色灰烬像蝴蝶飞到天空,有几只蝴蝶还追着他的脚后跟跑。他耐心地做自己该做的,面对死人不悲伤,甚至对于母亲也是一样,因为他相信有他这位香烛先生的照顾,所有人都平平安安地去了该去的地方。

这一天孝子和亲戚们开始披麻戴孝,对村里人来说,就是演员穿上了演出服,一场好戏就要上演。人们在剧情平淡时回去处理一点家务小事,喂完猪食洗完衣服,赶在高潮部分开始前重新回来。孝子越多财力越足的丧礼越是好看。人们大致算了一下,披麻戴孝的超过一百人,头上裹白布身上穿白衣的血亲占了一大半。司公子喊跪一声倒,整个地坪都跪满了,看的人只能退到外围,田埂上、沟渠边都是观众。

戏台已经搭好,真正的戏子已经化好了装,鼓乐敲起来,人们感觉春节的气氛正在延续,这生活额外的馈赠使他们合不拢嘴。

每一场乡村葬礼的风俗流程都是一样。孝家钱多,怎么花得让看客高兴,也是丧事圆满与否的标志,因此除了唱孝歌子、做道场、搭台唱戏等等之外,还安排了穿奶罩和丁字裤的脱衣舞节目——上了年纪的男观众没想到这么轻易地就看到年轻姑娘的细腰、肚脐和屁股蛋,姑娘们身上的肉抖得厉害,有个老头看中风了。人们后来谈论这场葬礼,除了酒席排场,自然少不得这个中风的老头:他在一个星期后也死了。

至于游丧的壮观，人们简直没有可以描述的词汇，只有一句简单的方言　热闹丧哒　这是他们表示场面到达极限的话。也有人说得比较形象，说像条白龙在长堤上游动。白色的孝子们一路跪别死者，机械地配合丧事指挥，喊跪时跪下，喊哭时响哭，用白孝布擦去眼泪鼻涕。冷风刮起地上的纸屑。

只怕是到更年期了　初月对身边的初云说道　心慌心躁　出虚汗

我去年闭的经　冇吗子反应　初云回答

眨下眼我们也是恩妈级别的人了

一世人　冇吗子搞发兴*36

都是一天一天过

初玉这胎是男是女

是个女儿

噢

到他们这一代　子宫应该不再有什么负担

那也讲不死火*37

2018年1月18日至2018年3月18日

写于湖南·槐花堤村

2018年5月　旧金山修订

补充
湖南方言注释

*1·郎古子:女婿。

*2·默下神:想一想。

*3·索索利利:干干净净。

*4·跑猪婆:轻浮淫荡的女人。

*5·儿:婴儿。

*6·罩子天:大雾。

*7·白坨子霜:大霜。

*8·落凛毛子:下冻雨。

*9·飘麻细细:下毛毛细雨。

*10·雪只摁:鹅毛大雪。

*11·港:讲。

*12·不腻和:不快乐。

*13·冇年纪:年轻

*14·继了他的脚:指继承了他睡别人的女人这一爱好,同样因此丢了命。

*15·港得耍:开玩笑。

*16·默清了神:想清楚了。

*17·老架:父亲。

*18·恩妈:奶奶。

*19·干娘:婆婆。

*20·闷死:淹死。

*21·赤脚老师:乡村公立学校临时聘请的有点文化水平的农民。

*22·断手板:人笨,什么都不会干。

*23·凉清清里:冰凉的。

*24·港一港:讲一讲。

*25·搭起:搭理。

*26·亲家母:姘头。

*27·洋气不过了:非常洋气。

*28·司公子:巫师。

*29·无数百年:很久了。

*30·三堂老福:三个老人。

*31·满女:小女儿。

*32·小堂客儿:小妇女。

*33·糍粑心:心地太善良。

*34·刹野眼:指注意力不集中眼睛偷看别的地方。

*35·秧:播种。

*36·冇搞发兴:没什么搞头。

*37·讲不死火:说不准。

息壤

盛可以